Matthias Reuter

Schrecken des Alltags

WortArt

1. Auflage 2010
Projektkoordination: Alexander Stelkens; Judith Ngo
Druck und Bindung: optimal media production GmbH, Röbel
Layout und Satz: Gerd Wiechcinski
Umschlaggestaltung: Friedemann Weise, inbeige
Umschlagabbildung: © Sebastian Mölleken
Illustrationen: Matthias Reuter

Printed in Germany

ISBN 978-3-8419-0016-6

Vertrieb: Edel Germany GmbH, Hamburg | www.edel.de

Inhalt

Zu Beginn ein Selfmade-Karaoke-Walzer ♫

Tempo: 200, Rhythmus: Vienna Waltz, Sound: Strings

Strophe 1

Manchmal singt man von Bergen
und sonnigen Höh'n
oder von Wäldern und dem, was man da seh'n
kann und dann und wann
singt man auch mal vom ...
feuchtwarmen Regen im Mai auf dem Gehweg bei PLUS
und das ist der Punkt, an dem irgendwer aufsteh'n muss,
um zu sagen: »Entschuldigen Sie,
aber wir ham irgendwie

inhaltliche Probleme mit Ihrer Titelmelodie
inhaltliche Probleme mit Ihrer Titelmelodie.«

Strophe 2

Und dann singt man von Kapern
im Fotolabor
oder von Autobahnraststättenuhren und Reinigungschlor
und kurz davor
singt man vielleicht noch ...
von Ameisenbären, die sich nachts in der Sauna genier'n.
Und das ist der Punkt, an dem's Zeit wär, zu protestier'n
und zu rufen: »Entschuldigen Sie,
aber ich hab irgendwie

inhaltliche Probleme mit Ihrer Titelmelodie
inhaltliche Probleme mit Ihrer Titelmelodie.«

Strophe 3

Und dann singt man von Drillingsschildkröten
im Hundesalon
und danach von Managerxylophonkursen nahe bei Bonn
und dann davon,
dass man im Winter in Finnland ganz schnell im Ford
Cabrio friert,
worauf das Publikum meist eher unorthodox reagiert
und ausruft: »Entschuldigen Sie,
aber wir ham irgendwie

inhaltliche Probleme mit Ihrer Titelmelodie
inhaltliche Probleme mit Ihrer Titelmelodie.«

Strophe 4

Und dann singt man von Cowboys
und Lassos, die man
beim Spiel mit Indianern wie beim ersten Mal 'rausholen
kann
und ab und an
singt man auch mal von ...
DJs, die irgendwer liebt, den man total versteht,
und spätestens das ist der Punkt, an dem dann das
Publikum geht
oder ausruft: »Entschuldigen Sie,
aber wir ham irgendwie

inhaltliche Probleme mit Ihrer Titelmelodie
inhaltliche Probleme mit Ihrer Titelmelodie.«

… aus der Reihe »gescheiterte Auftritte von A–Z«: G wie Gerolstein

Fast allein in Gerolstein

Grundfrage zur Gesamtthematik:

Was weiß man über Gerolstein?
Da kommt der Sprudel her …
Und das wird wohl auch alles sein –
sonst gibt's da nicht viel mehr.

Chor der beleidigten Gerolsteiner Bürgerschaft:

Ihr könnt doch uns're Heimat nicht
auf Sprudel reduzieren.
Es gibt hier noch 'ne Menge mehr,
das könn'n wir garantieren.

Man sagt ja auch von Rottweil nicht,
da leb'n nur große Hunde.
In Gerolstein, da ist was los –
das ist in aller Munde.

Hier steppt der Bär.
Hier rockt das Haus.
Mal ganz salopp gesagt.
Wir haben eine Bücherei
und jeden Mittwoch Markt.
Und auch unser Kulturprogramm
wird blendend angenommen –
wenn's wo was zu erleben gibt,
die Gerolsteiner kommen.

Gegendarstellender Erfahrungsbericht
eines Oberhausener Kabarettisten (in chronologischer Reihenfolge):

19.00 Uhr

Der Veranstalter beginnt mit dem Einlass eine Stunde vor Beginn des Programms – um den Zuschauerstrom besser verteilen zu können, wie er sagt.
Ich esse einen Teller Suppe und übe meine Begrüßungsmoderation. Anfangen will ich mit den Worten: »Guten Abend, Gerolstein.«
Ich bin ziemlich optimistisch, obwohl es keinerlei Kartenvorverkäufe gegeben hat. Der Veranstalter hat mir gesagt, dass viele Gerolsteiner spontan noch Karten an der Abendkasse

kaufen. Wir überlegen, ob man das Klavier nicht besser mit einem Mikrofon abnimmt, um den Klang auch für die Leute gut verständlich zu machen, die ganz weit hinten stehen ...

19.30 Uhr

Außer mir sind sechs Personen im Raum.
Drei davon sind Kellner, einer ist der Koch des angrenzenden Restaurants, einer der Veranstalter selbst.
Ich baue auf eine Frau an der Theke, die offenbar nicht aus beruflichen Gründen hier ist. Diese stellt sich aber ziemlich schnell als Ehefrau des Kochs heraus und ist nur kurz hier, um ihrem Mann seine Pausenmahlzeit vorbeizubringen. Sie geht gegen 19.40 Uhr und wünscht mir alles Gute für den Auftritt. Ich frage mich, was ein Koch mit einer Pausenmahlzeit macht ...

19.45 Uhr

Zwei Gäste betreten den Saal.
Es sind die Preisträger eines Zeitungsgewinnspiels, bei dem man Karten für den heutigen Abend gewinnen konnte, indem man anrief und meinen Nachnamen wusste. Vor- und Nachname standen, so die Preisträger, unmittelbar über der Telefonnummer, was die Sache erheblich erleichterte.
Die vom Veranstalter am Eingang aufgestellte Kasse ist damit immer noch leer. Hoffnungsfroh frage ich nach, wie viele Karten insgesamt bei der Zeitung verlost wurden. Sechs Stück, sagt der Veranstalter und schrappt etwas vorwurfsvoll über die leeren Münzfächer.

20.00 Uhr (geplanter Programmbeginn)

Die gute Nachricht: Alle sechs Preisträger sind da.
Die schlechte: sonst keiner.
Alle anderen Gerolsteiner scheinen heute eine Sonderschicht im Sprudelwasserwerk angetreten zu haben. Möglicherweise steht der europäische Jahrestag der Abstinenzler bevor und eine Großladung Flaschen muss noch per Hand mit Kohlensäure angereichert werden. Meine diesbezügliche Frage quittiert der Veranstalter mit einem vernichtenden Blick.
Ich sehe, wie der Koch seine Pausenmahlzeit schon vor Beginn des Programms aufisst. Offenbar rechnet er mit einem frühen Feierabend.

20.10 Uhr

Entgegen den allgemeinen Erwartungen entschließe ich mich dazu, dass Programm komplett zu spielen. Auch eine Reihe von Zugaben lege ich mir zurecht. Soll der Koch halt in der Pause hungern oder sich selbst was brutzeln.
Eine Mitsingstelle fällt zwar etwas mau aus, vor allem auch deswegen, weil Herr und Frau Böffgen – das Publikum ist mir mittlerweile namentlich bekannt – auf dem Standpunkt stehen, dass sie Karten fürs Kabarett und nicht, wie sie sagen, für die Fischerchöre gewonnen haben. Sonst läuft aber alles ganz gut. Zwischendurch kommen sogar noch zwei glückliche Gewinner von Konzertkarten dazu, gehen aber sofort wieder, weil ich nicht Peter Wolfshäger, der Violinist, bin. Ich beende das Programm gegen …

22.30 Uhr

... und schenke jedem der Gewinner noch eine der CDs, die ich in großen Mengen mitgebracht hatte, um sie hier zu verkaufen.
Während ich die CDs verteile, frage ich, wo denn die ganzen anderen Gerolsteiner heute wären. Keiner der sechs Gäste weiß es, zumal auch keiner selbst aus Gerolstein kommt. Zwei sind aus der nahen Gemeinde Kalenborn-Scheuern angereist, zwei sind zufällig im Urlaub hier in der Eifel und die dritten beiden kommen aus Birresborn im Kylltal.

22.45 Uhr

Als ich den Veranstalter wegen meiner Fahrtkosten anspreche, greift er zuerst gewohnheitsmäßig in die Kasse und verletzt sich dabei den Zeigefinger an der scharfen Kante eines leeren Münzfachs. Fluchend gibt er mir das Geld aus seinem eigenen Portemonnaie.
Ich entschließe mich, den Koch besser nicht nach einem zweiten Teller Suppe zu fragen, und verlasse den Auftrittsort.
Auf dem Weg zur Pension treffe ich Peter Wolfshäger, den Violinisten.
Er fragt mich: »Wie viele?«
Ich: »Sechs Kartengewinner von außerhalb.«
Er: »Bei mir vier.«
Sind die beiden von vorhin wohl wieder nach Hause gefahren.
Wir betrinken uns bis 5.00 Uhr früh an einer Tankstelle ...

Rückkehr zur Grundthematik:
Chor der jetzt ganz schön aufgebrachten Gerolsteiner Bürgerschaft:

Der Mann, der lügt! Der hat sie nicht
mehr ganz alle beisamm'
und dass wir nicht dahin geh'n,
das liegt an sei'm Programm.

Ansonsten lieben wir Kultur
und haben – wie gesagt –
'ne ziemlich große Bücherei
und jeden Mittwoch Markt.

(Verärgert stoßen sie noch einmal mit einem Glas Sprudelwasser an und gehen dann aber sofort nach Hause, weil sie alle morgen ganz, ganz früh aufstehen wollen …)

Gerolstein bei Nacht

Wie ich in Hamburg den Pudding anmoderierte

Sagen Sie auch das Dessert an?
Ich denk – hört sich ja nicht schwer an
und sag: »Klar, wenn ich dann fertig bin.«
»Nee«, sagt er, »mehr so mittendrin.«

Und zwischen Strophe 1 und 2
kommt er am Klavier vorbei
und sagt mir, dass das Eis so weit wär
und dass es darum an der Zeit wär,

Mousse und Eis jetzt anzusagen.
Ich erdreiste mich, zu fragen,
ob nicht Strophe 3 noch drin wär,
zumal der Sinn des Liedes sonst hin wär.

Doch er besteht in hartem Ton
auf der Eis-Moderation,
weil gerad' das Halbgefrorene taue,
was letztlich den Geschmack versaue.

Und wenn's nicht schmeckt, das müsst ich wissen,
dann wird der Chefkoch rausgeschmissen,
der Zwillinge allein erzieht.
Insofern wär jawohl mein Lied

eindeutig nicht so relevant.
Das Walnuss-Eis wär mit Krokant
ruft er mir noch zu, dann geht er –
und ich sing Strophe 3 wohl später.

Stattdessen mach ich die Entsprechung
einer Werbeunterbrechung
in der Mitte meines Liedes
und sag bloß »Nachtisch«, dann geschieht es:

Den Raum verlässt das Publikum
und ich sitz ganz allein da rum.
Und sing noch Strophe 3 und 4,
die keiner mitkriegt – außer mir.

Denn der Saal ist völlig leer
und was ich spiel, juckt keinen mehr.
Selbst bei Wolfgang-Petry-Werken,
die ich – zum Test, ob's Leute merken –

jetzt zwischendurch erklingen lasse,
gibt's keinerlei Protest der Masse.
Die Nachtisch-Fans sind guter Dinge,
auch wenn ich »Hölle, Hölle« singe.

Ein paar kommen sogar zurück
und mampfen drin, bis ich ein Stück
von mir spiel, von dem kaum ein Satz
verstanden wird bei dem Geschmatz,

das aber trotzdem – sagt man mir –
beim Essen stört, so dass ich hier
jetzt lieber erst mal aufhör'n soll –
ich ende zügig und in Moll.

Und sitz dann rum, bis irgendwer
mir auch was bringt von dem Dessert,
das heute den Pokal gewann
im Wettkampf »Nachtisch gegen Mann«.

Zumindest blieb das Eis gefroren,
und, habe ich auch klar verloren,
eins muss ich sagen, ganz gerecht:
Der Pudding schmeckte gar nicht schlecht.

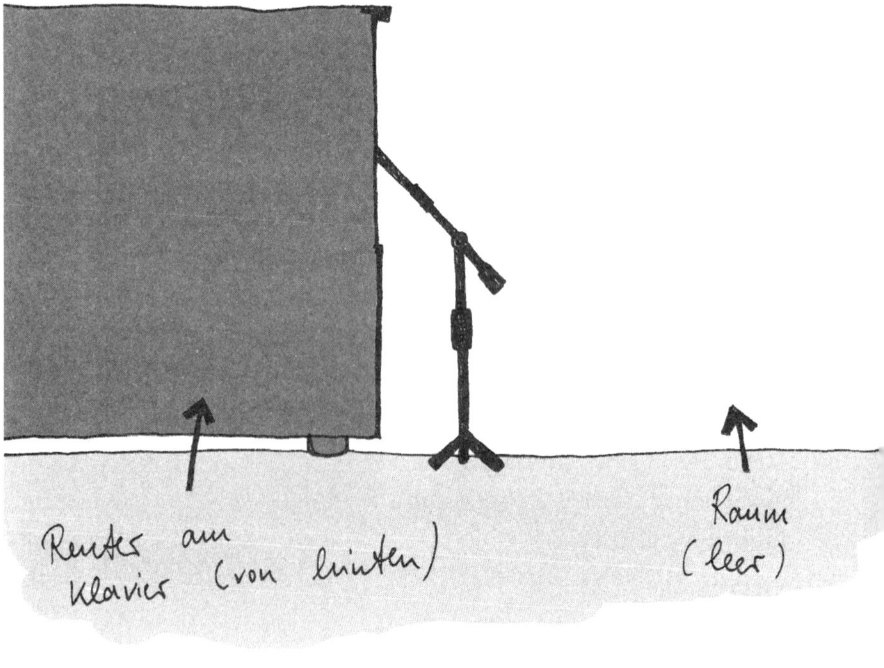

PHILOSOPHENSCHICKSALE:
SOKRATES' ERSTER ARBEITSTAG
AN DER GANZTAGSGRUNDSCHULE
ESSEN-ALTENESSEN

EIN KURZER BLICK AUF DAS ZENTRALE PROBLEM DER MENSCHHEIT:

DAS IST DER MENSCH:

DAS IST DAS HUHN:

DER MENSCH HAT VIELE FRAGEN:

DAS HUHN HAT ALLE ANTWORTEN:

ABER: DER MENSCH ISST GERNE RÜHREI

DAS HUHN NICHT:

ALSO BEHÄLT DER MENSCH SEINE FRAGEN ...

UND DAS HUHN NIMMT DIE ANTWORTEN MIT IN DIE SUPPE.

Stefan und die Suppe

Sicherlich war Stefan auch schon einmal verliebt gewesen. Und er war sicherlich auch schon mal *unglücklich* verliebt gewesen, passierte es ihm doch immer wieder, dass er sich in Frauen verliebte, die entweder glücklich liiert waren oder die sich nicht vorstellen konnten, *mit ihm* glücklich liiert zu sein.
Insofern war ihm eine Kombination der beiden Gefühle, die man gemeinhin mit den Begriffen »Liebe« und »Melancholie« umschreibt, durchaus schon einmal untergekommen. Ihm fehlte es also nicht an Mitgefühl und er konnte die Suppe durchaus verstehen. Aber zu ihr hingezogen fühlte er sich trotz alledem nicht.
Es hatte alles damit begonnen, dass Stefan in der Mittagspause Hunger bekam und sich mit dem büroeigenen Wasserkocher eine Buchstabennudelsuppe der Marke »Lachende Köchin« zubereitete, die er, wie immer, relativ emotionslos löffelte.
Die Suppe enthielt winzige Reste von Porree, kleine Möhrenstückchen, Brühwürfelpulver und – bei einer Buchstabennudelsuppe wenig überraschend – Buchstabennudeln, die sich entsprechend den für unbelebte Dinge gültigen Gesetzen der Physik in der heißen Brühe hin- und herbewegten.
Zunächst.
Dann zwinkerte Stefan eines der auf der Suppenoberfläche schwimmenden Fettaugen zu. Stefan dachte sich nicht viel dabei und schob die vermeintliche Halluzination auf allgemeine Überarbeitung und seine ungünstige Sitzhaltung vor dem Büro-PC.

Bis das Auge erneut zwinkerte und die Suppe deutlicher wurde: Vor Stefans irritiertem Esslöffel bildeten die Buchstabennudeln – jetzt fern von den üblichen physikalischen Gesetzen – Worte:

»I – C – H   L – I – E – B – E   D – I – C – H«

stand da geschrieben.
Dahinter hatten sich einige Möhrenstückchen zu einem niedlichen Ausrufezeichen gruppiert.
Stefan war schockiert. Zunächst einmal wegen des ganzen Geschehens überhaupt, dann aber auch vor allen Dingen deswegen, weil die Suppe gleich am Anfang so direkt wurde.

»I – C – H   B – I – N   S – O   H – E – I – S – S«

war da in der fast abgekühlten Brühe zu lesen. Und

»I – C – H   W – I – L – L   D – I – C – H
N – A – C – K – T   S – E – H – E – N«,

was Stefan für eine ganz plumpe Anmache hielt. Außerdem wollte er seinen Arbeitskollegen nun wirklich nicht erklären müssen, warum er sich um 20 nach 12 in seinem Büro vor einer Buchstabennudelsuppe auszieht. So ging er auf die Angebote der Suppe gar nicht erst ein.
»Es tut mir leid«, sagte er bestimmt zu dem Teller, »aber du bist eher nicht so mein Typ.« Die Suppe bestritt dies vehement und schlug ihm eine ganze Reihe wenig jugendfreier Dinge vor, auf die Stefan aber nicht näher einging.
Letztlich sammelte sich der Brüherest beleidigt in einer Ecke des Tellers und schmollte. Weiteressen wollte Stefan nun nicht

mehr. Sicherlich, er hätte die Suppe aufwärmen können, aber das hätte sie möglicherweise falsch verstanden und als Sympathiebekundung seinerseits gewertet. Obwohl – gänzlich unsympathisch war sie ihm ja gar nicht – nur halt irgendwie zu distanzlos und – nun ja – halt … zu suppig.
Aber wegschütten wollte er sie auch nicht. So wenig er eine Beziehung mit ihr eingehen wollte, war ihm doch der Inhalt des Tellers etwas vertrauter geworden, und Stefan war nun wirklich nicht der Typ, der erst eine Liebeserklärung schroff ablehnt und dann die ihn Anbetende auch noch in der Toilette herunterspült.
Darum schüttete er den Rest der Buchstabensuppe in eine Tupperdose mit Deckel und stellte diese in den Kühlschrank. Noch durch den halbdurchsichtigen Deckel las er

»W – A – R – U – M – ?

W – A – R – U – M W – E – I – S – T D – U M – I – C – H A – B ? ? ?«.

Aber all das konnte ihn nicht mehr umstimmen. Im Reinen mit sich selbst beendete er seinen Arbeitstag um 16 Uhr 30 und fuhr nach Hause.
Doch schon auf der Rückfahrt musste er wieder an sie denken. Und zu Hause erwischte er sich dabei, wie er sehnsüchtig in die Milch rund um seine Cornflakes starrte, weil er – wie er nach kurzer Selbstanalyse zugeben musste – die Suppe vermisste.
Auf das Fernsehprogramm konnte Stefan sich kaum konzentrieren. Jede Maggi-Kochstudio-Werbung erinnerte ihn an das Liebesgeständnis und die zärtlichen Bewegungen der Buchstabennudeln.
Nachts schlief er schlecht.

»W – A – R – U – M W – E – I – S – T D – U M – I – C – H A – B ???«

hatte sie geschrieben. Ja. Warum eigentlich? Stefan wusste es nicht mehr.
Offenbar hatte ihn die Suppe doch mehr beeindruckt, als er sich zunächst eingestehen wollte. Stefan war verliebt.
Er beschloss, direkt am nächsten Tag mit ihr zu sprechen und die Tupperdose erst mal mit zu sich nach Hause zu nehmen.
Mit Schmetterlingen im Bauch fuhr er am Morgen ins Büro und ging dort sofort in die Küche. Doch das, was er dort sah, brachte den Verliebten mit einem Schlag auf den Boden der Tatsachen zurück:
AUF dem Tisch stand die geöffnete Plastikdose, in der sich die Buchstabennudelsuppe immer noch befand.
VOR dem Tisch stand Stefans Arbeitskollege Brennicke, gerade damit beschäftigt, sich die Socken auszuziehen, die im Übrigen die letzten Kleidungsstücke waren, die er noch ausziehen konnte.
»Ja, also, das ist so …«, begann Brennicke.
»Nein«, heulte Stefan.

»E – S I – S – T N – I – C – H – T S – O, W – I – E E – S A – U – S – S – I – E – H – T«, log die Suppe.

Aber da hatte Stefan den Raum schon verlassen.
Für ihn war die ganze Sache gegessen …

Schrecken des Alltags – Teil 1: Konfliktforschung

Hassu ’n Problem oder wat?!?

Vor kurzem habe ich meinen Wagen geparkt. Das ist an und für sich nichts Ungewöhnliches. Ich mache das eigentlich sogar jedes Mal, bevor ich aussteige. Danach bin ich kurz zur Sparkasse, um einen Kontoauszug zu ziehen und meine GEZ-Gebühren zu überweisen. Das stimmt mich immer nicht so besonders fröhlich, muss ich zugeben.
Als ich zurück zum Parkplatz kam, stand da ein Ford Galaxy vor meinem Auto, gefüllt mit einem schnauzbärtigen Mann auf dem Fahrersitz, der mich böse anguckte. Warum, wusste ich nicht so genau, dachte mir aber, dass der vielleicht auch seine GEZ-Gebühren überweisen müsse. Dem Gesicht nach zu urteilen die der letzten drei Jahre auch noch.
Das änderte allerdings nichts an der Tatsache, dass er seinen Wagen so geschickt geparkt hatte, dass ich mit meinem Auto weder vor- noch zurückfahren konnte. Also sprach ich den Schnurrbart freundlich an. »Und?«, fragte ich scherzhaft. »Was machen wir jetzt?«
»Hassu ’n Problem oder wat?!?«, sagte der Mann.
Im Übrigen, glaube ich, ohne meine Frage überhaupt mitbekommen zu haben.
Mehr so aus dem Affekt heraus oder so, wie andere Leute sich mit »Hallo!« oder »Wie isset?« begrüßen. Nein. Nicht ganz so. Mehr so, wie ein ganz mies gelaunter Dobermann einen Einbrecher begrüßt.

»Hassu ’n Problem, oder wat?« Was entgegnet man da? Ich meine, bei »Hallo« sagt man auch »Hallo«. Bei »Wie isset?« sieht’s schon wieder ganz anders aus. Da sagt man »Muss«. Aber bei »Hassu ’n Problem, oder wat?« war ich einfach überfragt. Zudem hatte ich mal gelesen, dass eine falsche Antwort auf bestimmte Begrüßungsrituale in manchen fremden Kulturen ganz schnell zu richtig schweren Verstimmungen führen kann. Ja. Z.B. in Japan – einmal an der falschen Stelle gewinkt und dann können Sie da einpacken. Da verlieren Sie alle Ihre Freunde, Familie, Versorgungsansprüche – alles weg. Wegen einmal falsch winken.

Man konnte dem Ford-Galaxy-Mann zwar ansehen, dass er mit ziemlich großer Wahrscheinlichkeit nicht aus dem Fernen Osten, sondern mehr so aus der Gegend rund um Gelsenkirchen herum kam. Aber mal ganz ehrlich: So richtig kenn ich mich mit der Kultur da auch nicht aus …

Jetzt guckte er mich allerdings auch so wartend an. So als ob von seiner Seite aus mit dem Satz »Hassu ’n Problem, oder wat?« alles gesagt sei und es damit meine Aufgabe wäre, das Gespräch fortzuführen.

Wegfahren konnte ich ja eh nicht.

Also beschloss ich, die Frage erst mal wahrheitsgemäß zu beantworten.

»Ja!«, sagte ich. »Ich habe ein paar kleinere Probleme. Zum einen mit meinen Füßen. Sie schmerzen, wenn ich über eine längere Strecke schneller renne als im normalen Lauftempo …«

Ausschweifend berichtete ich dem Schnurrbärtigen, dass die Ursache für diese meine zwar nicht mich existentiell bedrohenden, aber dennoch zuweilen etwas unangenehmen Fußschmerzen wohl in einem Paar älterer und schlecht angepasster Einlagen für Sportschuhe liege, die ich, meine persönliche Laufsituation gefährlich fehleinschätzend, im Alter zwischen

17 und 21 Jahren des Öfteren getragen hatte und die, das würden auch Orthopäden und Sporthochschulabsolventen bestätigen, meinen Außenrist derart verformt hätten, dass sie das eigentliche Problem, nämlich die schon damals zuweilen aufgetretenen Schmerzen bei hohem Lauftempo, damit eher verstärkt denn behoben hätten, so dass ich heute, im Alter von 31 Jahren, eigentlich rückblickend sagen könne, dass ich besser gar keine Einlagen hätte tragen und stattdessen mehr mit dem Fahrrad fahren sollen, denn beim Radfahren würden – gänzlich tempounabhängig im Übrigen – besagte Schmerzen nicht auftreten, egal welche Schuhe ich dabei anhätte.

Außerdem wäre mein Wäschetrockner kaputt, aber das sei als Problem Nr. 2 ja eher unerheblich, weil ja momentan schönes Wetter wäre.

»**Willzu mich verarschen oder wat?!?**«, sagte der ehemalige »Hassu 'n Problem, oder wat?«-Mann – entweder, um mir mal 'ne Variante zu präsentieren oder, was ich eher vermute, um mir eine erhöhte Eskalationsbereitschaft anzuzeigen.

Offenbar befand ich mich kurz vor »Soll ich aussteigen, oder wat?«.

Während ich noch nach einer vernünftigen Antwort suchte, trat ein älterer Herr hinzu. Dessen Wagen war ganz offensichtlich genauso eingeparkt wie meiner und so hatte er unserer Unterhaltung unfreiwillig beigewohnt.

»Nein. Das glaube ich nicht, dass der junge Mann Sie verarschen will«, sagte er freundlich. »Zum einen kann man, was jetzt aus Ihrer Perspektive sicherlich etwas schlecht erkennbar ist, deutlich den zwar minimal, aber doch klar beschädigten Außenrist des rechten Fußes selbst in diesen Sportschuhen da ausmachen. Zum anderen bin ich selbst lange Jahre Mediziner in einer orthopädischen Klinik gewesen und kann die Ihnen gerade berichtete Krankheitsgeschichte als einen recht typischen Fall

bestätigen, wie er mir in meiner Laufbahn immer wieder untergekommen ist. Die Sache mit dem defekten Trockner kann ich natürlich nicht bezeugen, würde aber sagen, dass die offensichtliche Ehrlichkeit in Bezug auf Problem Nr. 1 da auch eine positive Ehrlichkeitsprognose bezüglich der Trocknerproblematik zulässt, so dass wir ziemlich sicher von einer Nicht-Verarschung Ihrer geschätzten Person ausgehen können.«
»**Hassu 'n Problem oder wat?!?**«, wiederholte sich die geschätzte Person.
»Nee, momentan eigentlich nicht«, sagte der ältere Mann, »mir geht's ganz gut. Danke der Nachfrage, aber Sie müssen sich da gar keine Sorgen machen. Ich hab jetzt seit viereinhalb Jahren meine Rente durch und, wissen Sie, ich bin immer noch ganz gesund und Langeweile kommt bei mir nicht so schnell auf. Ich hab ja viele Hobbys: Ich angel gerne, ich koch gerne, ich sammle außereuropäische Briefmarken, die Fische abbilden – das ist hochinteressant, es gibt da in den Fischdarstellungen die herrlichsten Varianten. Seh'n Sie mal – z.B. asiatische Schollen, da werden Sie jetzt wahrscheinlich noch keine gesehen haben, aber die haben auf den Briefmarken immer so 'nen lächelnd erhabenen Gesichtsausdruck. Ja. Weil ja die Scholle im asiatischen Raum einen hohen Stellenwert hat, jetzt gesamtgesellschaftlich gesehen. Im Gegensatz z.B. zum Thunfisch, der auf den Marken immer so 'n kleines bisschen knötterig guckt, weil …«
In dem Moment fuhr der Galaxy los. Mit einem fluchenden und mit der Faust drohenden Schnauzbartbesitzer am Steuer beschleunigte er – wie ich fand – etwas zu schnell und rammte einen Opel Astra, der gerade aus einer Parklücke herausfuhr.
»**Hassu 'n Problem oder wat?!?**«, schrie der Fahrer des Astra und stieg wutentbrannt aus. Auch der Ford-Galaxy-Fahrer stieg aus und schrie. Dann schlugen sich beide die Augen blau.

»Jetzt hat er ja sein Problem«, sagte ich, während die Polizei versuchte, die beiden zu trennen.
»Ja«, entgegnete der ältere Herr. »Man muss nur den Richtigen fragen.«
Dann stiegen wir beide in unsere unbeschädigten Autos und fuhren ganz problemlos nach Hause.

Viele wissen gar nicht, dass der Fernsehmoderator Götz Alsmann immer wieder mit dem tschechischen Autor Franz Kafka verwechselt wird

Wie?!? Franz Kafka ist kein Guter?
Spitz die Ohren, blöder Puter!
Der is' eigentlich drauf wie Bolle.
    Der hört Elvis. Der trägt Tolle
und is' trotzdem immer volle
Kanne tiefgründig und so …
… und – ganz ehrlich – in der Show
mit der Westermann da hatter
über seinen strengen Vatter
niemals einen Ton gesacht.
Klar, die Bücher, die der macht
kannze alle in die Elbe …
Ach, das ist gar nicht derselbe?!?

Schrecken des Alltags – Teil 2: Tu mir den Gefallen und bleib Gangster

Ich bin ja kein Gangster. War ich noch nie. Wollte ich auch nie. Und wenn ich jemals irgendwann hätte Gangster werden wollen, dann aber zumindest so einer mit »er« am Ende. So einer wie Robert Redford in dem Film »Der Clou«. So einer, der unheimlich clever alle austrickst und dabei zudem komplett aggressions- und gewaltfrei bleibt. Gut, vielleicht einmal zwischendurch jemandem auf die Fresse haut, aber locker … beschwingt … und eben nur einmal in 180 Minuten.

Weil er's nicht muss. Weil er 'n intelligenten Plan hat. Weil er sich bedeckt hält und im Hintergrund operiert. Kurz – weil er nicht doof ist.

Das ist bei so 'nem Gangsta mit »a« am Ende nämlich anders. Z.B. Im-Hintergund-Operieren kennen die gar nicht. »Gangstaz« mit »az« am Ende leiden nämlich immer unter so 'ner Form von, sagen wir mal: Selbstpräsentationszwang. Wenn so einer seinen ersten einigermaßen lukrativen Raubüberfall hinter sich hat – im Übrigen grundsätzlich mit Waffengewalt – clevere Pläne gibt's da überhaupt nicht. Also, wenn jetzt so einer, sagen wir mal, in 'nem Millionärs-Altersheim die Hälfte der Bewohner erschossen und danach die Portemonnaies und Gebisse geklaut hat, dann geht der erst mal zu 'nem Autohändler und kauft sich 'nen Sportwagen in Signalfarbe. Damit man ihn erkennt! Damit jeder weiß: Da in dem Auto – da is der Gangster drin.

Ja, hör mal …

Und dann rappen die.

Um den Leuten mitzuteilen, was sie so als Gangsta den ganzen Tag über machen. Das ist so, wie wenn ich jetzt 'ne Bank überfalle, mir von der Beute 'n Keyboard kaufe, mich damit in die Fußgängerzone stelle und Lieder über den Bankraub singe. Aber das ist so 'ne Tendenz zur Zeit. Das ist dieser Selbstpräsentationszwang. Das war früher nicht so …

Al Capone hat nicht gerappt.
Der Pate hat nicht gerappt.
Billy the Kid hat nicht gerappt.
Jesse James hat nicht gerappt.
Darth Vader hat nicht gerappt.
Goldfinger hat nicht gerappt.
Marcellus Wallace hat nicht gerappt.
Bonnie und Clyde haben nicht gerappt.
Die Daltons haben nicht gerappt.
Der Mann mit dem goldenen Colt hat nicht gerappt.
Nicht mal Kater Karlo hat gerappt.

Weil's halt auch nicht passt.
Man stelle sich vor – »Stirb langsam«, Teil 1 – Bruce Willis in einem Hochhaus mit rappenden Terroristen.
»He, McLane – isch bin der Endgegner …
(kein Scheiß Mann, jeder weiß, Mann)
Isch bin der Endgeschner …«

Oder so.

Ich befürchte ja, das ist die nächste Welle: Nach dem Gangster-Rap gibt's dann Terroristen-Rap. Wir wollen mal die Daumen drücken, dass auf die Idee keiner kommt. Weil – das lehrt da die Erfahrung – wenn's einmal aufgekommen ist, dann multipliziert

es sich direkt, zumal es wirklich – und da komm ich echt nicht mehr mit – Jugendliche gibt, die … aus welchem Grund auch immer … rappende Gangster für passable Vorbilder halten. Und fahren se mal mit den Typen zusammen abends im Nachtexpress.
An sich ja kein Problem, aber …
Z.B. ich hab früher auch mal irgendwann Depeche Mode gehört. Das is ’ne Phase, die übersteht man. Dann ist die vorbei … aber zu der Zeit, als ich Depeche Mode gehört habe, da hatte man auch noch ’n Walkman mit Kopfhörer. Da ist das nicht so aufgefallen …
Momentan isses ja eher so, dass die – ich sage mal – Musikabspielgeräte dem schon erwähnten Selbstpräsentationszwang der rappenden Gangster unterworfen wurden: Handy ohne Kopfhörer.
Klanglich so schön wie ’n Radio für’n Fahrradlenker, aber laut genug, um Bushido für den ganzen Bus hörbar zu machen. Wobei meistens auch mehrere Bushido-Stücke gleichzeitig laufen, je nach Anzahl der mitreisenden Nachwuchsgangster.
Mir fällt da immer dieses Stück ein, das es mal gegeben hat:
»Tu mir den Gefallen und bleib Gangsta, d.h., tu genau das, was du denkst – grad.«
Und jetzt mal ganz unabhängig von diesem faszinierenden Reim ist die inhaltliche Botschaft von dem Song mittlerweile offenbar bei den Leuten angekommen – diese Typen aus’m Bus tun genau das, was sie denken – grad: Nix.
Die stehen nur da in der typischen Haltung des Gangsters von übermorgen (Handy rechte Hand, Mund halb auf, Blick belämmert) und machen nix. D.h. nicht, dass die blöd sind. Das glaub ich wirklich nicht. Die werden nur in dem Moment durch die Musik von ihrer Intelligenz abgelenkt.
Und ich finde, da müsste man Anreize schaffen:

… vielleicht, dass z. B. der Busfahrer durchsagt:
»Hallo! Willkommen im Nachtexpress – ich darf Ihnen eine Neuerung bekannt geben: Unter einem gewissen Bildungsniveau fährt der Bus nicht mehr weiter.« So wie in dem Film »Speed« – nur ohne Bombe. Und dann stellt der Fahrer durchs Mikro Quizfragen zur Allgemeinbildung. Und wenn einer eine falsch beantwortet, dann muss er laufen. Oder der Bus bleibt stehen. Da kann man sich dann ja auch präsentieren …
Könnte man in 'ner Disco direkt fortführen: Alkohol gegen Wissen.
Is doch super.
Dann können die Leute sich meinetwegen ein Lexikon auf ihr Handy laden. Und wenn das Bildungsministerium genug zahlt, kriegen sie den Bushido bestimmt dazu, auf seinen nächsten CDs auch mal 'n paar Sachen von Brecht unterzubringen.
Weil in dem Punkt unterscheidet sich so 'n Bushido nämlich kein bisschen von allen anderen Gangstern, die 's so gibt:
Für genug Geld macht der alles.

Amphibien

Es war mal ein Lehrer aus Hamburch,
bei dem brach im Großhirn der Damm durch.
Er quittierte Latein,
um amphibisch zu sein,
und seitdem lebt er glücklich als Schlammlurch.

Altern – eine Herausforderung

»30 werden heißt nicht plötzlich anders sein
nur um einen rum verändert sich halt viel
das ist fast so, als schalte man das Fernsehen ein
und es läuft nichts mehr außer Ally McBeal.«

Gut, das war jetzt ein etwas drastisches Beispiel, aber so ähnlich ist es ja auch:
Der Mensch verändert sich nicht ursächlich deswegen, weil er älter wird, sondern weil sich die Rahmenbedingungen ändern. Um einen herum wird alles Mögliche anders – die Erwartungen, die an einen gerichtet werden, die berufliche Situation, vielleicht die finanzielle Situation, die politische Situation, das Private – alles wird anders – und darum verändert man sich dann selbst auch mit.
Nich freiwillig.

Gezwungenermaßen.
Ein Beispiel privater Natur:
Letzthin bin ich bei ALDI einkaufen gewesen, ich kauf oft diesen fettreduzierten französischen Schnittkäse 17 Prozent, da war der auf einmal ganz woanders – ganz andere Stelle und hatte auch 'n anderes Cover (Sagt man das eigentlich bei Käse? Cover?). Und das hat mir ehrlich gesagt nicht so gut gefallen. Weil ich das anders gewöhnt war. Der Mensch ist halt kein Freund der Veränderung.
Das haben viele in meinem Alter.
Viele 30-Jährige wollen Veränderungen möglichst so weit hinauszögern, wie sie nur können: Darum hör'n doch die Leute diese Drei-Fragezeichen-Kassetten bis zum 50. Lebensjahr. Weil sie sich so 'n bisschen was Gleichbleibendes erhalten wollen. Is ja auch verständlich. Wenn sich um einen herum in größerer Geschwindigkeit ständig alles verändert – man will sich ja nicht dauernd mitverändern. Und man will vor allen Dingen die Veränderungen gar nicht wahrhaben …
Ich sehe das doch bei mir selbst. Beim letzten Einkauf habe ich den ganzen Käse wieder zurückgeräumt an die alte Stelle. Gut. Das ist halt Arbeit – vier Paletten, aber es hat sich gelohnt. Danach sah alles aus wie immer. Das mach ich jetzt jedes Mal. Einmal bin ich bisher vom Filialleiter rausgeworfen worden. Aber ich halte durch. Irgendwann stellen die das selbst wieder zurück.
Also, wenn Sie in nächster Zeit mal einkaufen gehen sollten und der 17-Prozent-Fett-Käse steht wieder in der Kühltheke an der alten Stelle. Das war ich …

Oder – anderes Beispiel:
Früher, da haben die Leute mit 25 irgendwann gesagt: So. Jetzt bin ich voll im Beruf, habe möglicherweise Kinder. Darum

gehe ich nicht mehr auf Tanz- und Saufpartys. Ab jetzt bleibe ich zu Hause und gucke Fernsehen. Ende. Ganz normale Veränderung der eigenen Lebensweise aufgrund der Veränderung der äußeren Rahmenbedingungen.

Heute wird einfach die Zahl hinter dem »Ü« erhöht.

Von der Ü-25-Party gehen die meisten direkt zur Ü-30-Party über … und so wie ich einige aus meiner Generation kenne, wird das auch bis Ü 75 fortgesetzt, wenn nicht drüber …

Das Wichtige dabei ist halt, dass das 'ne geschlossene Gesellschaft bleibt.

Es geht ja weniger darum, auf so 'ner Party möglichst viele Gleichaltrige zu treffen, sondern eher darum, möglichst viele Jüngere nicht 'reinzulassen.

Das Letzte was die Leute auf 'ner Ü-30-Party sehen wollen, sind doch 20-Jährige, die da dann jugendlich beschwingt durch die Halle hüpfen. Da würde man ja sofort sehen, dass sich bei einem selbst was verändert hat.

Und gerade das will man ja vermeiden. Es soll halt alles gleich bleiben.

Sicher, es gibt auch Leute, die's übertreiben. Die machen dann mit knapp 30 Jahren 'n TKKG-Club auf oder so was – gibt's alles. Obwohl, ich muss ehrlich sagen, das stelle ich mir ja eigentlich schon wieder lustig vor … dann sitzen da 'ne ganze Menge 30-Jährige in 'nem Raum mit TKKG-Sachen an. Alle Frauen sind Gaby, die Pfote. Geht ja nicht anders … und die Männer haben alle T-Shirts an, auf denen entweder Tarzan, Karl oder Klöschen steht.

Und dann sitzen die da …

Und trinken vielleicht Ahoi-Brause …

Und wissen nicht, was sie machen sollen.

Weil – Fälle zu lösen gibt's ja nicht. Das war ja schon als Kind das Problem bei den TKKG-Clubs. Und dann legt eine der

Gabys vielleicht 'ne Kassette rein und ein Karl sagt: »Die Folge kenn ich schon ...«

Trostlos.

Aber wenn's den Leuten Spaß macht. Ich sag immer: Solang's keinem schadet ... sollen die Leute das doch machen.

Ganz ehrlich – und wenn jemand für sich, also für sein Leben, daraus Hilfe erfährt und Kraft schöpft, dass er bis zu seinem 55. Lebensjahr ein T-Shirt anzieht, auf dem »Lemmy – Motörhead« oder »Slayer« steht, dann seh ich das ein, das ist in Ordnung. Gut: Es gibt auch Übertreibungen. Erwachsene, die auf einer Ü-Party gemeinsam in Erinnerung an ihre Grundschulzeit eine Fliege imitieren, die um's rote Pferd fliegt, bieten ein erschreckendes Bild. Auch ist alles, was von Animateuren auf Ibiza zum Thema Cowboys, Lassos und Indianer gelehrt wird, weder für die Ohren noch für die Augen ein allzu großer Glücksgewinn.

Man kann ja irgendwo die Motivation nachvollziehen, aber:

... dann schon lieber TKKG-Club. Oder C64-Club oder so was. Einen C64 hatte ich ja früher auch – da könnte ich sogar eintreten in so 'nen Club.

Jetzt habe ich gerade wieder »früher« geschrieben. Das passiert mir in letzter Zeit öfter. Da muss man aufpassen. Letzthin habe ich z.B. gesagt:

»Früher da hatte ich ja gar kein Internet.«

Das is' zwölf Jahre her.

Meine Theorie ist: Mit jedem Mal »früher« sagen wird man innerlich 'n halbes Jahr älter. Und dann ist man hinterher 30 Jahre alt – aber innerlich schon 54.

Vorsicht!

Noch schlimmer ist es, wenn man anfängt, »damals« zu sagen: »Damals hatten wir ja noch Telefone mit Wählscheibe.« Das

hat jemand in so ’ner Nostalgie-Fernsehsendung gesagt. Über die 90er Jahre (!).
Der Typ war jünger als ich.
Innerliche Alterung bei einmal »damals« sagen: fünf Jahre mindestens.
Und zu Recht!
Und daraus ergibt sich dann ja auch die Kombination:
Da gibt’s dann 30-Jährige mit Interessen wie 14-Jährige. Aber wenn die sich unterhalten, dann meint man, da sprechen 70-jährige Zeitzeugen bei Guido Knopp von der Nachkriegszeit.

Unterhaltung am Rande der Ü-30-Party

A: »Damals hatten wir ja noch Telefone mit Wählscheibe.«
B: »Und nur drei Programme – erstes, zweites und RTL.«
A: »Nee, das hieß anders.«
B: »Nicht RTL?«
A: »Nein. RTL kam erst später.«
B: »Kann man sich gar nicht mehr vorstellen.«
A: »War aber so … und dann konnte man zum ersten Mal ›Hulk‹ gucken«
B: »Ja. ›Hulk‹ fand ich damals richtig gut. Und ›Knight Rider‹ … mit David Hasselhoff.«
A: »Stimmt. Das war auch … ja … gut war’s nicht, aber … man hat’s halt geguckt.«
B: »Jedes Mal.«
A: »Ja. Ich auch jedes Mal.«

B: »Und ›Colt Seavers‹, aber das lief im zweiten.«
A: »›Remington Steele‹.«
B: »›A-Team‹.«
A: »›Trio mit 4 Fäusten‹.«
B: »›Simon & Simon‹.«
A: »›Operation Vietnam‹.«
B: »›Die Spezialisten unterwegs‹.«
A: »›Der 6 Millionen Dollar Mann‹.«
B: »›Die 7 Millionen Dollar Frau‹.«
A: »Ach, war die teurer?«
B: »Ich mein schon. Aber nicht viel, glaub ich. Die haben aufgerundet.«
A: »Ach so … ›Der Mann aus Atlantis‹.«
B: »›Max Headroom‹.«
A: »Das lief bei Sat.1, glaub ich.«
B: »Glaub ich auch. ›V – die Außerirdischen‹.«
A: »›Praxis Bülowbogen‹.«
B guckt *A* etwas entgeistert an. *A* zuckt mit den Schultern.
B: »Ja. Das gab's auch …«
A: »War gar nicht so schlecht. Mit Günter Pfitzmann. Habe ich immer gerne gesehen.«
B: »Ah, so …«

Pause (Schweigen)

A: »Wer war eigentlich damals Innenminister?«
B (überlegt): »Weiß ich nicht.«
A: »Weiß ich auch nicht. Is auch nicht so wichtig. Der Kanzler hieß auf jeden Fall Kohl.«
B: »Das weiß ich auch noch.«
A: »Der war ja auch auf dem 2-Mark-Stück.«
B: »Nee, der hieß anders.«

A: »Stimmt. Wie hieß der denn nochmal?«

B: »Weiß ich auch nicht. Is auch nicht so wichtig.«

A: »Gibt's ja auch gar nicht mehr – 2 Mark – 2 Mark heißt ja jetzt 1 Euro.«

B: »Seit der Währungsreform.«

A: »Nee, das hieß anders.«

B: »Nicht Währungsreform?«

A: »Nee, ich mein, das hieß anders.«

B: »War auf jeden Fall nach RTL.«

A: »Ja. Nach RTL war das … und dann ist alles teurer geworden.«

B: »Richtig. Nehmen wir mal 'n Brötchen. So 'n Brötchen hat früher 25 Pfennig gekostet. Da kauf ich mir letzthin ein Brötchen. Da kostet das 50 Cent. War Mehrkorn, aber egal. 50 Cent. Das ist 1 Mark. Da habe ich früher vier Brötchen für gekriegt.«

A: »Nur Eier. Eier sind gleich geblieben. Die kosten nicht mehr.«

B: »Stimmt. Aber man kann ja schlecht nur Eier essen.«

Pause (Schweigen)

A: »Was macht eigentlich euer Eiermann jetzt?«

B: »Der mit dem grünen Auto ist glaub ich in 'ne kleinere Wohnung gezogen.«

A: »Und seine Frau?«

B: »Geschieden. Hat 'n Bäcker geheiratet.«

A: »Furchtbar.«

B: »Ja.«

Pause (Schweigen)

A: »Und was machst du jetzt so?«

B: »Ja. So – eigentlich nix, ne … Was man so macht halt. Arbeit. Ja. (überlegt)
Ich hab mir ’n neuen Wäschetrockner gekauft.«

A: »Schön.«

B: »Aber teuer. Kondenstrockner.«

A: »Kondenstrockner is super. Ohne Abluftschlauch?«

B: »Haben die ja alle nicht.«

A: »Is super ohne Abluftschlauch …«

B: »Ja. Und sonst?«

A: »Hab nächste Woche Geburtstag.«

B: »Und? Wie alt wirst du?«

A: »31.«

B: »Ist doch nicht so schlimm. Ich bin jetzt 34.«

A: »Is auch nicht so schlimm.«

B: »Nee, würd mir nix machen. Is doch nich tragisch.«

A: »Das muss man locker sehen. Dann ist das gar nicht schlimm.«

B: »Nee, is überhaupt nicht schlimm. Ist doch bloß ’ne Zahl.«

A: »Was soll da auch dran schlimm sein? Sagt ja nix aus so ’ne Zahl. Entscheidend is, wie man sich fühlt.«

B: »Richtig. Und mal ganz abgesehen davon: Bei dem, was wir alles schon erlebt haben, was kann denn da jetzt noch groß kommen?«

Der Gott des Windes und der Wüste

Der Gott des Windes und der Wüste
reagierte nie, wenn man ihn grüßte,
was ziemlich zügig dazu führte,
dass alle Welt ihn ignorierte.

Aber er machte sich nichts draus
und dachte sich – so sieht's halt aus …
Ist man der Wind- und Wüstengott,
kommt's ohnehin zum Grüß-Boykott.

Wenn man der Gott der Steppe ist,
ist's ganz genau der gleiche Mist.
(Ein eher trockener Humor
kommt oft bei Wüstengöttern vor.)

Der Gott des Windes
und der Wüste

STRASSENVERKEHRSORDNUNG

HIER KANNST DU DIR MAL MEINEN NACKTEN HINTERN ANGUCKEN! DEN HAST DU NOCH NICHT GESEHEN!!!
ARSCHLOCH ...
UND FÜR SOLCHE AFFEN MACHT MAN DANN TAG FÜR TAG DIE EXEKUTIVE HIER ...
POLIZEI
POLIZEI
CX-1418

AUCH IN DIESEM JAHR SCHAFFTE ES KAMERAD HEINER WIEDER MIT LEICHTIGKEIT, BEIM KARNEVAL DER JUNGEN NATIONALEN DEN PREIS FÜR DAS ORIGINELLSTE KOSTÜM ABZUSAHNEN ...

Derby

Die Bewohner der Kleinstadt Brackhagen hatten eine sie alle verbindende Eigenschaft: Sie waren unzufrieden mit ihrer Wohnlage.
Das lag hauptsächlich am verhassten übel riechenden Kanalisationssystem sowie an der noch verhassteren Nachbarstadt Bronskirchen, die – so die allgemeine Brackhagener Ansicht – recht ausschließlich von schwachsinnigen Kriminellen bevölkert wurde, die man am besten jedes Jahr nur ein einziges Mal zu Gesicht bekam, und zwar zu einem Fußball-Freundschaftsspiel und um sich danach mit ihnen zu prügeln.
Insofern war es für alle Brackhagener auch vollkommen nachvollziehbar, dass der berühmteste Sohn der Stadt, Norbert Schoch, den Ort schon im Alter von 20 Jahren verlassen hatte und nach Kanada ausgewandert war. Schoch hatte, offensichtlich inspiriert durch die besondere Abwassersituation seiner Heimat, bereits mit 18 Jahren eine Reihe bisher unbekannter Duftstoffe entwickelt und damit ein Vermögen gemacht. Zusätzlich hatte er es geschafft, völlig neuartige und hochwirksame Lärmschutzwände zu konstruieren. Zum mehrfachen Milliardär wurde er dann im Alter von ungefähr 25 Jahren durch die Kombination beider Erfindungen und die massenhafte Produktion klimaerfrischender Duft-Lärmschutzwände, die sich besonders in den aufstrebenden Metropolen Indiens und Chinas sehr gut verkauften.
Im weitgehend unbesiedelten Norden des Staates Kanada erwarb er sich daraufhin eine riesige Landschaftsfläche von der

Größe eines Nationalparks, errichtete eine weitere Fabrik und vermehrte sein Vermögen. Dabei blieb er aber als ehemaliger Torwart des TSV Brackhagen 06/07 seinem Heimatort zeit seines Lebens verbunden, wenn auch nicht aus Liebe, so doch aus einem gewissen Solidaritätsgefühl seinen ehemaligen Mitbürgern gegenüber, ähnlich z. B. einem Strafgefangenen, der es als Einziger geschafft hat, dem Arbeitslager im Steinbruch zu entkommen.

Jedenfalls war er so interessiert am Geschehen in seiner alten Heimat, dass er sich von Kanada aus regelmäßig darüber informierte. Und als er auf diese Weise 30 Jahre später über die Internetseite eines Nachrichtenmagazins erfuhr, dass ausgerechnet Brackhagen nun zum Standort des neuen deutschen Atommüllendlagers werden solle, sah Norbert Schoch die Zeit gekommen, zu handeln: Er schrieb einen offenen Brief an die Bewohner, in dem er das Angebot machte, seine Heimatstadt komplett nach Kanada umzusiedeln, koste es, was es wolle. Er habe, schrieb er, genug finanzielle Rücklagen und könne sich eine solche Aktion problemlos leisten. Zudem könne er auf diese Weise auch endlich den TSV Brackhagen zum Tabellenführer der Canadian Soccer League machen, eine Idee, die ihn seit dem Aufstieg des TSG Hoffenheim in die erste deutsche Bundesliga einfach nicht mehr loslasse.

Kein Brackhagener überlegte länger als drei Minuten. Lediglich der Bürgermeister und sein Schwager, die gemeinsamen Betreiber des örtlichen Kanalisationssystems, protestierten heftig und kündigten an, mit ihren Familien Deutschland auf keinen Fall zu verlassen, was schlussendlich dazu führte, dass die beiden alleine zurückblieben, weil sich ihre Frauen und Kinder von ihnen trennten, um gemeinsam mit den Emigranten abzureisen.

So begann eine der aufwändigsten Umzugsaktionen seit der Erfindung des Möbelwagens. Die gesamte Kleinstadt wurde im kanadischen Norden originalgetreu nachgebaut. Häuser wurden an die veränderten Witterungsbedingungen angepasst, Bäume und Parks neu angelegt und auch Bushaltestellen, Telefonzellen, Strommasten und öffentliche Toiletten errichtete man exakt gebunden ans Original.
Die Marktgaststätte »Hildermann« wurde zunächst anhand einer Reihe von Fotos von einem kanadischen Architekten kopiert und dann unter Anleitung der extra zu diesem Zweck eingeflogenen Stammgäste Paul Zülke und Erich Schlattmann von einem Innenausstatter wieder verunreinigt und unter Anwendung eines Spezialverfahrens gealtert.
Lediglich das Brackhagener Abwassersystem wurde nicht übertragen. Hier hielt man sich an die einfache Vorgabe Norbert Schochs, alles genau anders zu machen als der in Deutschland verbliebene Schwager des Bürgermeisters, und erzielte damit verblüffend gute Ergebnisse.
Dann ließ man die Bevölkerung einfliegen.
Diese traf in den kommenden Wochen vollzählig ein, d.h. bis auf einen Straßenmusiker, der aus unerfindlichen Gründen nicht am Flughafen aufgetaucht war. Dieser konnte aber durch einen mittelmäßig bekannten kanadischen Schauspieler ersetzt werden, der für 250 000 Dollar im Jahr auch dazu bereit war, Akkordeon zu lernen und einen ungewaschenen Schäferhund zu halten.
Im Grunde war also alles perfekt.
Trotzdem kam es nach knapp vier Monaten im so genannten New Brackhagen zu Problemen:
Die ehemals so solidarische Bevölkerung begann mehr und mehr, sich untereinander zu streiten. Ständig gab es Klagen. Zwei Nachbarn entzweiten sich derart über die Höhe eines

Apfelbaums, dass sie ihre Kinder nicht mehr miteinander spielen ließen und eine Mauer zwischen ihren Häusern errichteten. In einem Mietshaus kam es wegen unterschiedlicher Auslegungsmöglichkeiten eines Flurputzplans zu einer Prügelei, bei der eine Rentnerin vom Dackel ihrer Nachbarin in den Fuß gebissen wurde, wobei das Tier einen Zahn verlor.

An einem anderen Tag wurde das Akkordeon des kanadischen Schauspielers von Unbekannten entwendet und dann völlig in seine Einzelteile zerlegt wieder aufgefunden neben einem selbst gemachten Plakat mit den Worten: »Wer nicht übt, den holt die Säge.«

Und als schließlich sogar Paul Zülke und Erich Schlattmann wegen irgendwelcher Würfelspiel-Differenzen öffentlich zum Boykott der Gaststätte »Hildermann« aufriefen, musste die gesamte Situation der neuen Stadt als »ziemlich problematisch« eingestuft werden.

Erneut war es an der Zeit, etwas zu tun.

Norbert Schoch – sein ganzes Leben lang ein eher praktisch denkender Mensch – entschied sich für das Naheliegendste. Er lud in seiner Funktion als New Brackhagener Bürgermeister die Kreisligamannschaft der ehemaligen Nachbarstadt Bronskirchen zu einem Freundschaftsspiel nach Kanada ein.

Ein weiser Entschluss.

Schon am Flughafen lag über den gegenseitigen Anfeindungen eine besondere Aura der Wiedersehensfreude, die bei der anschließenden Massenschlägerei nach dem Fußballspiel ihren von allen Beteiligten kaum zu verhehlenden Höhepunkt fand. Beobachter sprachen von Bildern solch kosmischer Harmonie, dass man auch Celine Dion hätte irgendwas dazu singen lassen können. Nur mit spürbarem Wehmut ließ man die verhassten Nachbarn am nächsten Tag wieder ins Flugzeug steigen. Die kommenden zwei Monate verliefen friedlich und entspannt.

Doch dann begannen die internen Brackhagener Zwistigkeiten von Neuem, so dass sich Norbert Schoch letzten Endes dazu veranlasst sah, der Realität ins Auge zu blicken und auch die Umsiedlung des Ortes Bronskirchen in den kanadischen Norden zu finanzieren, einfach, um auch mal irgendwann wieder seine Ruhe zu haben.
Die Bronskirchener waren damit vollkommen einverstanden. Offiziell wurde der Umzug zwar mit der Gesundheitsbelastung durch das mittlerweile errichtete Atommüllendlager Alt-Brackhagen begründet und sogar zum Teil von der Landesregierung bezuschusst, aber inoffiziell, darüber waren sich die meisten im Klaren, musste man einfach zugeben, dass man auf Dauer ohne einander nicht auskommen konnte. Wenn auch die gemeinsame Stadtgrenze nur einmal im Jahr überschritten wurde, die Hassobjekte in unmittelbarer Nähe waren der Garant für Ausgeglichenheit und inneren Frieden unter den Bewohnern beider Orte.
Darum zogen letztlich auch die Bronskirchener um.
Die Brackhagener Befindlichkeiten verbesserten sich dadurch schlagartig.
Arm in Arm auf die Schmierigkeit der Bronskirchener Flure schimpfend erstellten Brackhagener Frauen seitenlange Putzpläne voller Eintracht. Wütend die Bronskirchener Spielbetrügereien verfluchend redete man sich beim Würfeln die Köpfe heiß. Gemeinsam kaufte man dem musikalisch völlig unbegabten kanadischen Straßenmusikerdarsteller ein neues Akkordeon, auf dass er es nach Herzenslust an der Stadtgrenze ausprobieren und irgendwann so vielleicht sogar erlernen könne. Und einmal jedes Jahr schlugen sich alle Brackhagener und Bronskirchener beim Freundschaftsspiel so intensiv gegenseitig die Köpfe ein, dass es für jeden Zahnmediziner eine wahre Freude war.

Endlich war alles wieder in bester Ordnung.
Und obwohl Celine Dion oder Lionel Richie nie für dieses Ereignis gewonnen werden konnten, so spürte doch jedermann bei der alljährlichen Prügelei sein eigenes kleines Streicherarrangement erklingen – die perfekte innere Vertonung einer Nachbarschaftsliebe, wie sie ohne regelmäßige Beschimpfungen kaum jemals glaubwürdiger hätte ausgedrückt werden können.

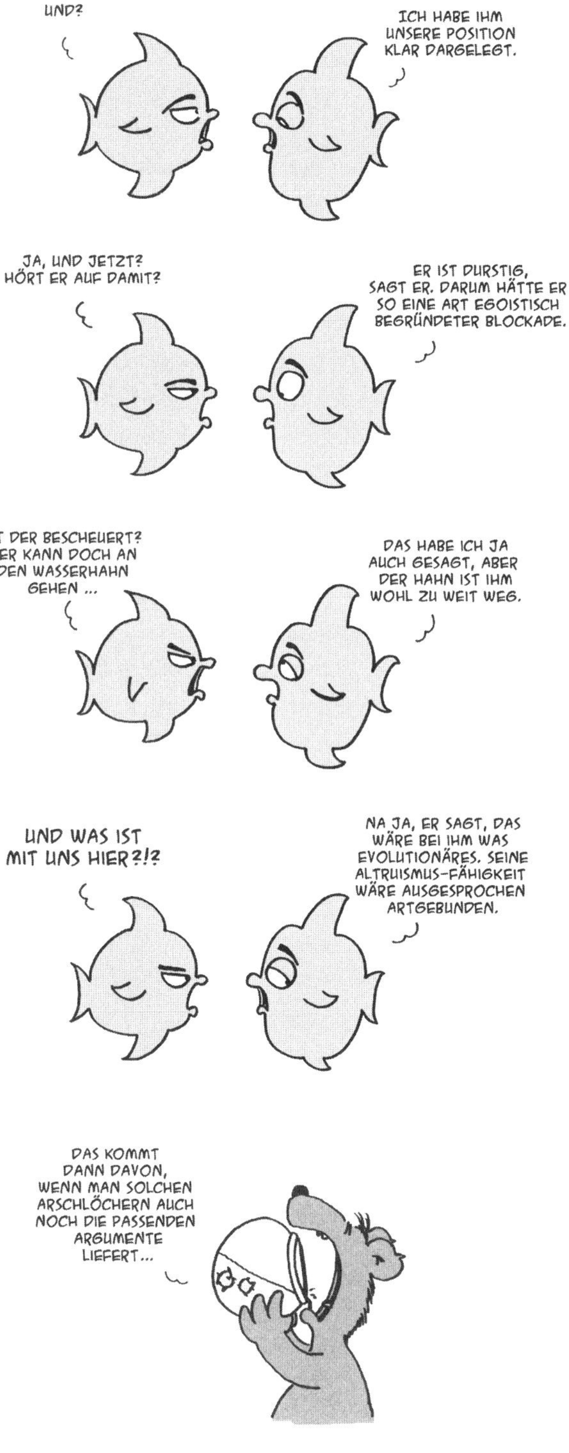

UND?
ICH HABE IHM UNSERE POSITION KLAR DARGELEGT.
JA, UND JETZT? HÖRT ER AUF DAMIT?
ER IST DURSTIG, SAGT ER. DARUM HÄTTE ER SO EINE ART EGOISTISCH BEGRÜNDETER BLOCKADE.
IST DER BESCHEUERT? DER KANN DOCH AN DEN WASSERHAHN GEHEN ...
DAS HABE ICH JA AUCH GESAGT, ABER DER HAHN IST IHM WOHL ZU WEIT WEG.
UND WAS IST MIT UNS HIER?!?
NA JA, ER SAGT, DAS WÄRE BEI IHM WAS EVOLUTIONÄRES. SEINE ALTRUISMUS-FÄHIGKEIT WÄRE AUSGESPROCHEN ARTGEBUNDEN.
DAS KOMMT DANN DAVON, WENN MAN SOLCHEN ARSCHLÖCHERN AUCH NOCH DIE PASSENDEN ARGUMENTE LIEFERT...

Zu nett

»Ja sicher könnte ich bei der Bank arbeiten«, sag ich. »Das ist doch einfach. Kredit geben. Zinsen drauf. Konto einrichten. Geld in'n Tresor tun. Oder gibt's da noch mehr?
Gut. Vielleicht Scheine in Münzen wechseln, wenn die bei EDEKA morgens nicht genug Wechselgeld für ihre Kasse erbeuten konnten. Das krieg ich aber locker hin. Und überfallen wird man ja so oft auch nicht, und wenn doch – hab ich im Fernsehen gesehen – gibt's da so 'nen Knopf unterm Tisch, den drückt man und dann kommt die Polizei. Das kann ich auch. Das kann ja praktisch jeder ...«
Mein Gegenüber wird zunehmend ungehalten.
»Jetzt red du nur wieder deinen Scheiß da. Du hast doch überhaupt keine Ahnung. Und Typen wie du ...«
Ich muss dazu sagen, wenn ein Satz mit »Typen wie du ...« beginnt, dann rechne ich – um ganz ehrlich zu sein – schon nicht mehr mit einem steigendem Intelligenzgehalt der kommenden Aussage. Das is so ähnlich, wie wenn ein Satz mit »Ich hab ja Humor, aber ...« beginnt, dann hör ich meistens sofort ganz weg. Genauso übrigens bei »Mir geht's ja gar nicht um das Geld. Mir geht es ums Prinzip.« Wenn man das hört, kann man am besten direkt den Raum, das Haus und die ganze Stadt verlassen. Bemerkenswerterweise werden alle drei Sätze meistens in Personalunion von den gleichen Leuten ausgesprochen. Und einen davon hab ich gerade offenbar verärgert.
»Typen wie du ...«, sagt er, »können ja froh sein, dass es so künstlerische Berufe und so 'n Pille-Palle-Krams gibt, weil Typen wie du kämen im normalen Berufsalltag ja überhaupt nicht klar. Schon gar nicht in der freien Wirtschaft. Und schon mal auf gar keinen Fall im Finanzwesen.«

Tja. Abschließende Aussage irgendwo. Kurze Randbemerkung übrigens für alle Freunde der stimmungsvollen Konversation auf Feiern: Ein Abend wird immer dann so richtig gemütlich, wenn das Gesprächsthema »Klarkommen-im-Finanzwesen« angeschnitten wird. Ab da ist bei jeder Party kein Halten mehr. Vernünftige Menschen gehen da auch gar nicht drauf ein, sondern sagen so was wie:

»Guck mal 'n Igel!«, und hauen schnell ab. Wie gesagt, vernünftige Menschen …

Ich sage: »Wie? Wieso soll ich eigentlich nicht im Finanzwesen klarkommen können? Ich meine, du kommst ja auch im Finanzwesen klar. Und ich war früher wenigstens ganz gut in Mathe.«

»Das heißt ja nix …«, sagt seine Freundin. »Das meint der Elmar gar nicht. Was der Elmar meint, das sind halt so persönliche Eigenschaften, die du nicht hast. Durchsetzungsfähigkeit z.B. Das meint der Elmar. Sowas braucht man nämlich im normalen Berufsalltag.«

Dazu übrigens nochmal eben eine zweite kurze Randbemerkung. Ich glaube ja, dass es diesen »normalen Berufsalltag« gar nicht gibt. Der ist ja für jeden anders. Da gibt's doch Unterschiede, ob man jetzt z.B. Eiermann, bei der Versicherung, bei der Sparkasse oder Kabarettist ist. Oder beim Kampfmittelräumdienst. Oder Hauptschullehrer. Gut, vielleicht gibt's da Ähnlichkeiten. Die sollte man aber trotzdem gedanklich nicht auf alle Berufe übertragen. Ich glaub ja immer, man sollte seine schlechten Erfahrungen generell nicht verallgemeinern. Wenn man das mal versucht. Da ist schon viel erreicht.

Aber ansonsten kapier ich so langsam, was Elmar, dessen eigene Durchsetzungsfähigkeit im Übrigen meines Erachtens ihre ausreichende Beschreibung darin findet, dass ich seit geraumer Zeit nicht mehr mit ihm persönlich, sondern nur noch mit Elmars Freundin, Dolmetscherin und Pressesprecherin rede, was also Elmar wohl meint, ist: Typen wie ich, d.h. sogar ich im Speziellen, sind für alltägliche Berufe, besonders im Finanzwesen, nicht zu gebrauchen, weil ich, so Elmars Freundin, zu nett und ein, jetzt kommt mein Lieblingsbegriff, »Gutmensch« bin.

Soso … Ich bin also zu nett. Wusst ich gar nicht, dass das geht. Ich meine, »nett«, das ist ja ein positives Attribut. So wie »duftig« …

… oder »lecker«.

Man stelle sich folgenden Satz vor:

»Die Lasagne da, die ess ich nicht. Die ist zu lecker.«

Gibt's auch nicht.

Aber jetzt mal ernsthaft: Diesen Begriff hab ich ja in letzter Zeit häufiger gehört: Gutmensch. Was is 'n das überhaupt? Leute, die ihr Snickers-Papier zum Mülleimer bringen? Grünen-Wähler? Fahrradfahrer? Menschen, die Ommas mit nur drei Teilen an der Kasse vorlassen? Was is 'n das für'n Vorwurf?

Ich frag Elmar.

Elmar weiß es nicht.

»Typen wie du halt …«, sagt Elmars persönliche Referentin. So welche, die nicht genug Ellenbogen haben, die immer meinen, sie müssten »auch an andere denken« (an der Stelle macht sie mich so doof nach, das kann ich ja schon gut leiden …).

So welche, die für Führungspositionen nicht geeignet sind, weil sie im Zweifel Bedenken hätten, wörtlich: »einen Kontrahenten im Kampf um eine wirtschaftlich einflussreichere Stellung mit allen Mitteln auszuschalten«. Typen, die mit altmodischen Begriffen wie »anständig« hantieren. Sagt sie.

Ja. Also …

Da bin ich aber ganz froh, dass ich so bin.

»Und solche Typen haben bei der Bank keine Chance, oder was?«, frag ich diesmal Elmar direkt. Er darf auch selbst antworten. »Nee«, sagt er, »solche Typen haben heutzutage beruflich nirgendwo mehr eine Chance.«
Das meint der echt. Beunruhigend irgendwo.
Besonders für Elmar. Ich meine, was is'n das für 'ne Selbsteinschätzung? Ist er dann also 'n Schlechtmensch, oder was? Ein »Bei-der-Bank-und-im-Finanzwesen-Klarkommer«.
Nein, sagt er. Er wäre einfach ein »abgeklärter rationaler Realist«.
Aha.
Gut.
Vielleicht ist das ja was. Ich meine, klar, ich weiß auch, dass man letzten Endes mit »Snickers-Papier-in-den-Mülleimer-Werfen« und »Ommas-an-der-Kasse-Vorlassen« den Klimawandel nicht aufhalten wird.
Vielleicht gibt's da ja 'ne bessere Idee. Wär halt die Frage.
Was machen abgeklärte rationale Realisten anders?
Auf Partys jedenfalls stehen sie irgendwann mit anderen Doofmännern im Kreis und geben mit Navigationsgeräten an.
Mit der eigenen Orientierungslosigkeit die Welle machen. Die Leute kommen auf Ideen. Aber ich will's Elmar nicht vorwerfen. Ganz ehrlich: Der kann da nix für. Ich kenn den ja schon von der Schule.
Und da ist der immer auf'm Rückweg, wenn er eigentlich aus dem Bus aussteigen wollte, von den größeren Jungs aus der Parallelklasse festgehalten worden. Ich weiß noch, das hieß damals: »Elmar fährt heut wieder eine weiter …«
Und diese schlechte Erfahrung hat er glaub ich verallgemeinert. Und das ist das Problem. Darum meint er jetzt, er braucht Ellenbogen und muss im Finanzwesen klarkommen und gibt

mit Navigationsgeräten an. Da kann man gar nix machen. Und was mach ich? Ich mach auch nix.
Ich mach mir ’n Bier auf. Und bleibe in der Küche alleine und »zu nett« zurück, allerdings im besten Bewusstsein, dass mir im Leben noch ein paar positive Erfahrungen zustehen, die ich zwar auch nicht verallgemeinern, aber mir auch von keinem vorwerfen lassen werde.

Lasagne (zu lecker!)

Schrecken des Alltags – Teil 3: Telefonwerbung

Telefonwerbeaktionen sind generell unangenehm. Und ich meine jetzt nicht die, bei denen man den Hörer abnimmt, nix hört, wartet und dann sagt einem ein Computer, dass man der Auserwählte ist.
Es gibt da jetzt Computer, die wissen sowas. Das sind die gleichen, die auch bei diesem Astro-Fernsehsender die Zukunft voraussagen. Das sind unheimlich intelligente Geräte …
Die kann man mit den dümmsten Moderatoren zusammen auftreten lassen. Das klappt. Das bügeln die aus. Unheimlich intelligente Geräte.
Ich sag immer, wenn die Optik nicht wäre, könnte auch »Wetten, dass …?« von einem solchen Computer moderiert werden. Müsste man halt 'n lustigen Computer bauen. So einen, der auch mal 'n Witz macht.
Aber die Gespräche mit den Computern meine ich wie gesagt ja hier gar nicht. Was ich meine, sind vielmehr diese Telefonwerbeaktionen, bei denen man mit richtigen Menschen spricht. Die stellen für mich sozusagen eine besondere Form des sozialen Miteinanders dar:
Zwangskommunikation.
Ein Gespräch, das – seien wir mal ehrlich – keiner der beiden Gesprächspartner will.
Mit einem Unterschied:
Wenn so 'n Telefonwerbetyp bei mir anruft, dann wird der in dem Moment bezahlt.

Ich krieg in dem Fall nix. Gut. Dafür muss ich auch nicht freundlich sein. Das ist irgendwie ausgleichende Gerechtigkeit. Und irgendwo gönne ich den Leuten auch ihren Arbeitsplatz. Das sind oft Magister Germanistik wie ich. Insofern halte ich mich dann auch meistens an die vorgegebene Gesprächsreihenfolge: Ich hör mir die scheinheilig freundliche Begrüßung an, sage dann möglichst unfreundlich, dass ich kein Interesse habe, und lege auf.

Weit gemeiner ist es ja, wenn man sich mal 'ne halbe Stunde Zeit nimmt.

So geschehen im folgenden Dialog zwischen Denise (27, Telefonwerbefrau) und Herrn Förster (85, verwitwet, aber nicht vergrämt, pensionierter Obst- und Gemüsestandbesitzer).

Herr Förster: »Förster.«

Denise: »Hallo Herr Förster, spreche ich mit Herrn Johannes Förster?«

Herr Förster: »Hier gibt's nur einen Förster.«

Denise: »Ja denn den Johannes Förster?«

Herr Förster: »Soll ich in meinem Pass nachschlagen?«

Denise: »Nein. Ich glaube, das ist gar nicht unbedingt nötig. Herr Förster – ich habe eine gute Nachricht für Sie. Ich rufe im Auftrag von Günther Jauch bei Ihnen an.«

Herr Förster: »Soso …«

Denise: »Kennen Sie Günther Jauch?«

Herr Förster: »Nein.«

Denise: »Aus dem Fernsehen. Die SKL-Show mit Günther Jauch …«

Herr Förster: »Kenn ich nich.«

Denise: »Doch. Den kennen Sie bestimmt. Der Günther Jauch von RTL. Schlaksig. So ziemlich groß. Mit Anzug. Stellt immer so Quizfragen …«

Herr Förster: »Ach der mit dem Hubschrauber.«

Denise: »Nee, einen Hubschrauber fliegt der eigentlich nicht.«
Herr Förster: »Dann kenn ich den auch nicht.«
Denise: »Ja, ich glaub, einmal hab ich den schon mal mit einem Hubschrauber gesehen …«
Herr Förster: »Dann könnt er's ja sein.«
Denise: »Ja. Von der SKL-Show. Sie sind nämlich ausgewählt worden, Herr Förster.«
Herr Förster: »Und warum ruft der nicht selbst hier an?«
Denise: »Wer?«
Herr Förster: »Na, der mit dem Hubschrauber …«
Denise: »Ja, der Günther Jauch, das ist ja ein ganz beschäftigter Mann. Der muss ja auch drehen und so. Der kann ja nicht jeden einzeln anrufen.«
Herr Förster: »Ich denk, ich bin auserwählt.«
Denise: »Ausgewählt. Ja. Herr Förster – Sie sind nämlich unter den ersten 1000, die die einmalige Möglichkeit haben …«
Herr Förster: »1000? Das is aber mal 'ne große Auswahl. Hoioioi. Und die rufen Sie jetzt alle an, die 1000 …?«
Denise: »Hmm. Ja. Eigentlich schon …«
Herr Förster: »Is auch 'n Scheißjob.«
Denise: »Ja. Äh. Nein. Mir macht das ja Spaß.«
Herr Förster: »Sie machen das noch nicht soo lange, oder?«
Denise: »Nein. Sie sind jetzt erst mein dritter Telefondirektkontakt. Vorher hatte ich zwar noch fünf Gespräche, aber das waren alles Passivkontakte auf AB.«
Herr Förster: »Na, dann warten se mal noch 900 ab. Da steigt der Spaß ins Unermeßliche.«
Denise: »Ja. Aber von wegen der SKL.«
Herr Förster: »Sag'n se ma – sind Sie eigentlich verwandt mit der Frau Drillich von 'ner Leitzstraße in Essen-Dellwig?«
Denise: »Wie bitte?«

Herr Förster: »Die is nämlich genau wie Sie. Wenn die früher an meinen Obst- und Gemüsestand gekommen is und wollte 'n Kohlrabi haben, da hab ich gesagt: ›Mit oder ohne Kerne?‹ – und dann hat die erst mal 20 Minuten überlegt ... Nette Frau, wirklich, aber so vom Kopp her – schwierig. Obwohl – kochen konnte die gut. Ich war ja ma da eingeladen. Nette Leute. Auch er. Hat 'n bisschen viel gesoffen, aber sonst ... Da gabet so – also wie so Rouladen – aber mit Nüssen. Ausländisch, aber lecker. Und vorher so 'ne Fischplatte. Mit selbst gemachtem Sahnemeerrettich. Nich außem Glas. Also schon super. Ess ich ja so gerne, so Sahnemeerrettich. Wird ja oft bei Buffets vergessen. Kann ich nich verstehen. Sagen wer ma bei 'ner Hochzeit. Nehmen wir mal den Enkel von der Frau Reck, der hat ja jetzt geheiratet – da geben die Tausende von Euros aus für so 'n Buffet und stell'n da kein Sahnemeerrettich daneben bei der Fischplatte. Also nich ma den aus'm Glas. Nix. Dabei schmeckt dat doch wirklich besser. Sagen se ma – Sind Sie noch dran?«

Denise: »Ja.«

Herr Förster: »Ja, weil Sie nix mehr sagen.«

Denise (leise): »Vielleicht nochmal wegen dem Günther Jauch ...«

Herr Förster: »Ach, der mit den Quizfragen, dem können Sie sagen, ich will kein Los.«

Denise: »Ja, woher wissen Sie das denn?«

Herr Förster: »Hör'n se ma, junge Frau, ich bin Rentner, hier rufen am Tag fünf Mal Leute an und sagen mir, dass ich der Auserwählte bin. Und können Sie mir noch 'n Gefallen tun? Sie hab'n doch so 'n Zettel mit meinem Namen vor sich, ne?«

Denise: »Also, ehrlich gesagt, ja.«

Herr Förster: »Gut. Da blättern Sie jetzt mal auf Seite 3. Mittig. Und da schreiben Sie jetzt in die Spalte ›Zeitschriften-Abo‹ Folgendes rein: ›Förster will kein Abo. Förster liest Videotext.‹ Und wenn Sie ansonsten gerne nochmal wieder plaudern möchten, dann rufen Sie doch bitte die Tage wieder an, jetzt hab ich keine Zeit mehr, jetzt kommt ›Wer wird Millionär?‹.«

HERR KEIM, WAS MACHEN SIE BERUFLICH?
FRISEUR
NA, DAS TRIFFT SICH JA GUT – DANN WOLLEN WIR MAL SEHEN, WIE SIE HEUTE ABEND BEI UNS "ABSCHNEIDEN" ...
FRISEUR. ICH BIN FRISEUR.

KOMMEN WIR ZUR 50 EURO FRAGE.
WIE HEISST DIE BERÜHMTE ENGLISCHE BEATGRUPPE, DIE MIT DEM TITEL "SHE LOVES YOU" EINEN RIESENHIT HATTE?
A Beefies B Bogies
C Beatles D BAP
... SIND ES
A – DIE BEEFIES
B – DIE BOGIES
C – DIE BEATLES
ODER
D – BAP?
OHA ...
TJA ... ALSO: B UND C FALLEN AUF JEDEN FALL WEG. BEATLES SIND DIESE KLEINEN ENGLISCHEN FAHRRÄDER UND BOGIES SIND MEHLHÄNDLER ...

BLEIBEN D UND A. BIFIS, BIFIS, BIFIS ... DIE SIND BEKANNT. ABER ICH WEISS NICHT, OB DIE "SHE LOVES YOU" GESPIELT HABEN. ICH KANN MICH NICHT ENTSCHEIDEN. WER WAREN DENN NOCHMAL DIE BAPS?
ICH GLAUBE, ICH WERDE BESSER DAS PUBLIKUM BEFRAGEN. ICH BIN MIR ZWAR FAST SICHER, DASS ES DIE BIFIS SIND. ABER ICH FRAGE LIEBER NOCHMAL NACH ...
UND DIE FAHRRÄDER SIND ES AUF KEINEN FALL?
ALSO GUT ... MEINE DAMEN UND HERREN, HELFEN SIE HERRN KEIM, FRISEUR AUS OFFENBACH, ÜBER DIE HÜRDE DER 50-EURO-FRAGE: WELCHE BEATGRUPPE SPIELTE "SHE LOVES YOU"? A - DIE BEEFIES B - DIE BOGIES C - DIE BEATLES ODER D - BAP?
MAL SEHEN, WIE VIELE MEHLHÄNDLER HEUTE IM PUBLIKUM SITZEN ...

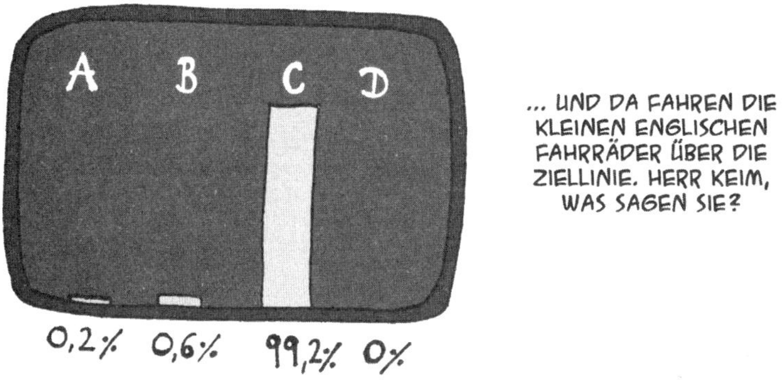
A B C D
0,2% 0,6% 99,2% 0%
... UND DA FAHREN DIE KLEINEN ENGLISCHEN FAHRRÄDER ÜBER DIE ZIELLINIE. HERR KEIM, WAS SAGEN SIE?

ICH VERTRAUE DEM PUBLIKUM. OBWOHL ICH MIR NICHT VORSTELLEN KANN, WIESO SICH EINE BAND NACH DIESEN KOMISCHEN FAHRRÄDERN NENNEN SOLLTE ... ICH SAGE C - BEATLES.
STIMMT. KOMMEN WIR ZUR 100-EURO-FRAGE ...

NEIN.
NEIN???
ICH HÖRE AUF!

SEHEN SIE, DIE 50 EURO HABE ICH JETZT SICHER UND DA IST ES MIR EINFACH ZU GEFÄHRLICH, JETZT NOCH ...
GENAU. KEINE RISIKEN, WO SIE JETZT SCHON HALBER MILLIONÄR SIND.
ABER ANHÖREN KÖNNEN SIE SICH DIE FRAGE DOCH. NUR SO – ZUM SPASS ...
HMMM ...
O.K.! ICH MACH'S!
SIE HABEN NERVEN WIE DRAHTSEILE. ALSO GUT, JETZT FÜR FRIEDRICH KEIM, DEN WAGEMUTIGSTEN FRISEUR AUS OFFENBACH: DIE 100-EURO-FRAGE

A Muff
B Mumps
WELCHER GEWITZTE NAGER WURDE VON WALT DISNEY 1928 IM FILM "STEAMBOAT WILLIE" ERSTMALS AUF DIE LEINWAND GEBANNT? IST SEIN NAME MICKEY A – MUFF B– MUMPS ...
STOP !
WAS ... ???
DAS IST ES: MICKIMUMPS
MICKEY MUMPS?!?
SIND SIE ...
NEIN, NEIN ... ES IST NUR EIN WORT: MICKIMUMPS.
MICKIMUMPS ... DER LUSTIGE DISNEY-NAGER. SIND SIE SICH SICHER?

ZU 99 PROZENT. ABER ICH GEHE AUF NUMMER SICHER UND RUFE MEINEN FRISEUR EDWARD SAWALLA AN.
SIND SIE NICHT SELBST FRISEUR ?

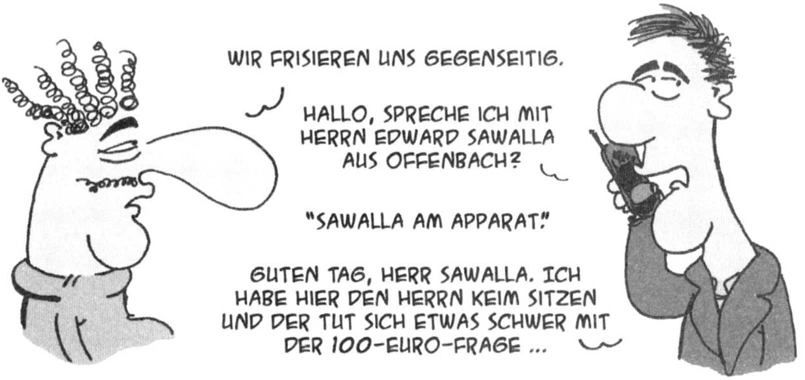
WIR FRISIEREN UNS GEGENSEITIG.
HALLO, SPRECHE ICH MIT HERRN EDWARD SAWALLA AUS OFFENBACH?
"SAWALLA AM APPARAT."
GUTEN TAG, HERR SAWALLA. ICH HABE HIER DEN HERRN KEIM SITZEN UND DER TUT SICH ETWAS SCHWER MIT DER 100-EURO-FRAGE ...

"ECHT? 100 EURO ?!? DAS IST ... DAS IST JA FANTASTISCH!"
ES IST FÜR SIE. IHR FRISEUR.
EDDY! WIE HEISST DER GEWITZTE NAGER VON DISNEY A – MICKIMUFF B – MICKIMUMPS ...
"STOP!"
MEINST DU AUCH B?
"100 PROZENTIG ES IST B – MICKIMUMPS."

ES IST B - MICKIMUMPS!
WIE SIE MEINEN ... DANN WOLLEN WIR MAL SEHEN, OB SICH DIE MEINUNG VON FRIEDRICH KEIM BEWAHRHEITET. ER IST SICH SICHER, DASS WALT DISNEY 1928 ERSTMALS DEN ZWAR GEWITZTEN, ABER DAUERHAFT VON KINDERKRANKHEITEN GEPLAGTEN NAGER "MICKEY MUMPS" AUF DIE LEINWAND BRACHTE UND SO SEIN IMPERIUM AUF ZWEI DICKEN BACKEN BEGRÜNDETE ...
ES IST NUR EIN WORT: MICKIMUMPS.
GANZ EGAL ... ES IST FALSCH!
ES IST NICHT MICKIMUMPS?!?
ES GIBT KEINE MICKEY MUMPS!
DAS IST BETRUG. ICH WERDE SIE VERKLAGEN!
VON MIR AUS. VIELLEICHT KRIEGEN SIE MICKEY MUMPS ALS NEBENKLÄGER!

AMTSGERICHT OFFENBACH
JETZT HAB ICH SCHON WIEDER EIN STÜCK VON DEM SCHAUMSTOFF VERSCHLUCKT, FRIEDRICH ...
GUCK GEWITZT ODER ICH SCHNEID DIR NICHT MEHR DIE HAARE ...

Heut verhält Herr Förster sich mal wunderlich ♫

Heut verhält Herr Förster sich mal wunderlich.
Er macht, was ihm so einfällt, und man wundert sich:
Was is'n los? Ist der nicht dicht? Wie is'n der jetzt drauf?
Leute, macht euch keine Sorgen, er hört morgen wieder auf.
Leute, macht euch keine Sorgen, wenn er Lust hat,
hört er auf.

Heute steht er früher auf, dann kostümiert er sich,
denn um 8 da kommt die Post und es ist hinlänglich
bekannt, dass der Briefträger sich schnell schon mal
erschreckt,
was Herr Förster ganz bewusst mit der Verkleidung
bezweckt.

Das Kostüm kam per Paket, na und es passt ihm auch –
es heißt »Leichnam ohne Arme und mit Axt im Bauch«.
Dazu macht er dann Geräusche, als ob er sich selbst entleibt,
was den Briefträger dem Wahnsinn ein Stück näher treibt.

Der Postbote rennt angsterfüllt zum nächsten Haus,
Herr Förster zieht sich erst mal die Verkleidung aus,
dann leiht er sich den Wagen bei Frau Reck nebenan,
wobei er ihr verschweigt, dass er nicht fahren kann.
Doch das wird ziemlich offensichtlich, als der Zaun
zerbricht,
weil Herr Förster nicht so ganz perfekt die Kurve kriegt.
Danach rammt er drei Container und das Dienstfahrrad,
das der Briefträger auf seiner Flucht vergessen hat.

Refrain

In ’nem Spielzeugladen kauft Herr Förster Waffen ein –
eine »Space-Ranger-Gun« und ein Gummischwein,
das mittels einer Art Harpune als Geschoss fungiert
und per Knopfdruck grunzend in den Raum geschleudert wird.

So bewaffnet überfällt er dann ein Möbelhaus
und erbeutet zwei Motiv-Stehlampen »Diddl-Maus«.
Dabei setzt er vier Verkäufer mit dem Gummischwein
    schachmatt,
kauft ’n Couchtisch und entwischt dann in die Innenstadt.

Den Couchtisch baut er mitten vor ’nem Metzger auf,
stellt erst die Mäuselampen und danach sich selbst darauf,
schießt die Gummisau gen Himmel und schreit:
    »Flieg, Schwester, flieg!«,
und erklärt dann kategorisch jeder Mettwurst den Krieg.
Ein paar Veganer, die Herrn Förster völlig missverstehn,
woll’n in ihm darauf ’nen Kämpfer gegen Tiermast seh’n,
bis er erwähnt, dass er im Grunde gegen Würstchen gar
    nichts hätt,
er sei halt nur ein erklärter Feind jeder Art von Zwiebelmett.

Wie zum Beweis geht er eben kurz zum Metzger rein
und kauft dort Senf und ein halbes Kilo Fleischwurst ein,
das er draußen verspeist, während er weiterspricht,
worauf sich einer der Veganer auf dem Couchtisch erbricht.

Weil das Erbrochene ’ner Kundin ihren Rock versaut,
kommt’s, dass die sich mit dem Mann dann auf die Nase haut.
Das ist dem Metzger zu viel und er bestellt die Polizei
und die verhaftet zwölf Personen – nur Herrn Förster
    lässt sie frei,

weil man sich sagt: »Der alte Mann, der ist halt wunderlich.
Na, und der Couchtisch und die Lampen, komm, die stör'n doch nicht.«
Und man gibt ihm noch 10 Euro für ein Taxi nach Haus
und damit ist Herr Förster aus der ganzen Sache raus …

Zu Hause kriegt Frau Reck dann die 10 Euro für Sprit
und außerdem bringt ihr Herr Förster noch zwei Stehlampen mit
und 'n fast ungebrauchten Couchtisch
und 'ne »Space-Ranger-Gun«
und dann sind beide so glücklich, wie man eben halt glücklich sein kann …
Denn heut verhielt Herr Förster sich mal wunderlich
und machte, was ihm einfiel, und mich wundert's nicht,
wenn er am Ende einmal über 100 Jahre alt wird –
weil er den Spaß am Verstandverlieren nicht verliert.

KUNDENBERATUNG

ICH WÜRDE GERNE DIESES OBERTEIL PROBIEREN.
JA-HA, EINE TOLLE WAHL. GENAU IHRE FARBE. DIE KABINE IST GLEICH DA VORNE ...

ES SPANNT ETWAS ...
JA, JA, JA. DAS IST KEIN PROBLEM. DAS IST GANZ NORMAL. DAS TRÄGT SICH EIN.

SEHEN SIE –
ES SPANNT ...
ACH WAS.
DAS MATERIAL WEITET SICH NOCH.
SIE SEHEN GLÄNZEND AUS.
ALS OB DAS SHIRT FÜR SIE
HERGESTELLT WORDEN WÄRE.
SCHI-HICK. SCHI-HICK.

EHRLICH?
NEIN.
EHRLICH GESAGT
SEHEN SIE AUS WIE
EINE GEBLÜMTE
FLEISCHWURST.

BITTE?
WAS ICH MEINE IST, DASS DICKE OMPFEN SICH NICHT IN KLAMOTTEN FÜR NORMALGEWICHTIGE TEENIES ZWÄNGEN SOLLTEN, WEIL DAS ZUR FOLGE HAT, DASS SIE AUSSEHEN WIE IN DEN 70ERN KOLORIERTE MILCHKÜHE – SO WIE SIE JETZT ZUM BEISPIEL.

ÄH ...
ALLERDINGS IST DIESE MEINE MEINUNG NICHT GERADE FÖRDERLICH FÜR MEINEN ARBEITSPLATZ, DA ES JA ALLGEMEIN ÜBLICH IST, DASS MAN DEM KUNDEN DURCH DEN HINTERN ZUR GELDTASCHE HOCHKRIECHT. ALSO MACHE ICH GRINSEND MIT UND ERZÄHLE IHNEN, WAS SIE HÖREN WOLLEN, DAMIT SIE MIT MÖGLICHST VIEL ÜBERTEUERTEM SCHEISS DEN LADEN HIER WIEDER VERLASSEN.

ÄHH?!?
WÜNSCHEN SIE, DASS ICH ES IHNEN EINPACKE?
OH, JA BITTE ...
NA, ALSO.

Hilfen fürs Leben zum Ausschneiden – Teil 1:

Spaß mit den Nachbarn: Bastelvorlagen für langweilige Sonntagnachmittage

Karte bitte an der gestrichelten Linie abtrennen und laminieren.

Sehr geehrter Autobesitzer.
Ich bin nicht an Ihrem Fahrzeug interessiert.
Ich kaufe überhaupt keine gebrauchten Autos.
Und Ihres ist mir sogar ganz
besonders gleichgültig.
Nie im Leben würde ich Ihnen
meine Handynummer geben.

Zusammenlegungen

Seit ca. einem Monat oder so kann ich nicht mehr zu meinem geparkten Auto zurückkehren, ohne folgende zwei Zettel zu finden: der eine ist etwa visitenkartengroß, laminiert und hängt vermeintlich unauffällig an einer einzigen seiner Ecken montiert im oberen Randgebiet des Fahrertürfensters.

Der zweite ist knapp DIN A5 und klemmt unter'm Scheibenwischer.
Beide sind bedruckt. Der erste mit dem Satz »Ich interessiere mich für Ihren Auto« und einer ständig wechselnden Handynummer sowie dem Clip-Art-Bild eines Sportwagens, das wohl zeigen soll, dass aus dem Visitenkarten-Laminierer durchaus auch ein erfolgreicher Mediengestalter hätte werden können, wäre er nicht schon früh dem dauernden Interesse an den Autos seiner Mitmenschen erlegen.
Der zweite Zettel ist grundsätzlich Werbung für eine der zahlreichen Ü-Partys, wie sie in Stadthallen und in als »völlig crazy« ausgewiesenen Gastronomiebetrieben rund um meinen Heimatort ständig stattzufinden scheinen.
Beides interessiert mich nicht besonders.
»Meinen« Auto will ich behalten und Festivitäten, bei denen Gehirn- und Gehörgefahren wie Michael Wendler bereitwillig mit Mikrofonen ausgestattet werden, weiche ich seit Jahren recht konsequent aus.
Trotzdem geben mir die beiden Zettel zu denken, scheint es doch so, als ob hier die Möglichkeit zu einer sinnvollen Zusammenlegung verpasst wurde.
Kurz gesagt: Warum stellt sich der »Ihren-Auto-Mann« nicht einfach persönlich auf den Parkplatz von der Ü-30-Party?
Damit würde nicht nur verhindert, dass ich drei Mal die Woche seine laminierte Clip-Art-Katastrophe von meinem Autofenster entsorgen muss – er hätte möglicherweise sogar mehr Erfolg dadurch:
Man stelle sich folgende Situation vor: Verena (34, Single) trifft Frank (32, Single) auf der Tanzfläche einer Ü-30-Party. Beide verstehen sich blendend und wollen eine gemeinsame Zukunft beginnen, ohne dabei länger von Michael Wendler beschallt zu werden. Sie gehen.

Auf dem Parkplatz stellen sie jedoch fest, dass sie beide jeweils mit einem eigenen PKW angereist sind, jetzt aber natürlich zusammen nur mit einem einzigen Auto wegfahren können. Ein dramatisches Gespräch beginnt:
Verena (hin- und hergerissen zwischen einem Leben mit Frank und ihrem VW Beetle): »Frank. Du weißt – ich liebe dich, aber: Der Wagen. Ich kann ihn hier nicht allein stehen lassen.«
Frank (verzweifelt): »Ich verstehe dich so gut, Liebling – aber was sollen wir tun? Auch mein Hyundai kann hier nicht über Nacht bleiben.«
Und in dem Moment kommt die rettende Stimme von hinten: »Ich interessiere mich für Ihren Auto.«
Die beste Lösung! Hyundai sofort verkauft. Hochzeit drei Wochen später. »Ihren-Auto-Mann« auf ewig Freund der Familie. Alles durch sinnvolle Kooperation.

Oder – anderes Beispiel:

Ebenfalls drei Mal die Woche rufen Menschen bei mir an, die mich Herr Leuter nennen. Offenbar habe ich einmal bei einem Zigaretten-Gewinnspiel meinen Namen angegeben, der dann von einem bei der Tabakindustrie arbeitenden Chinesen in den Computer eingespeist wurde. Und da Chinesen bekanntlich kein »r« tippen können, heiße ich jetzt Herr Leuter. Beim zweiten »r« war dem Chinesen vielleicht ein am Nebenplatz sitzender Schweizer behilflich. Schweizer können sehr gut »r« tippen.
Wie auch immer – dass die Leute meinen Namen nicht kennen, finde ich gar nicht soo tragisch. Aber da könnte man doch auch zusammenlegen.
Zusätzlich zu den Marlboro-Chinesen bekomme ich nämlich noch jeden Tag einen Anruf von der Lotterie und von der Te-

lekom, außerdem je ca. zehn E-Mails, in denen gleichzeitig für Viagra und Valium geworben wird. Das könnte man doch einfacher machen. Ich stell mir das so vor. Der Marlboro-Chinese ruft einfach bei mir an. Meinetwegen auch jeden Tag einmal. Dann sagt er: »Herr Leuter?«, und ich antworte: »Nee, nix Neues, alles so wie gestern, kein Interesse – weitersagen!«
Und dann ruft der bei der Telekom an.
Und die rufen die mit den Viagra-Mails an – so 'ne Telefonlawine halt. Dabei hat dann jeder nur ein Gespräch. Sinnvolle Kooperation.
Klar – es gibt auch Fälle, bei denen sich Zusammenlegungen nicht so anbieten in der Werbung, aber die sind meist nicht im praktischen, sondern eher im sprachlichen Bereich zu finden. Zum Beispiel habe ich letzthin einen Werbeflyer geschenkt bekommen, auf dem steht: »Mad Eisenach«.
Das passt natürlich nicht so gut.
Das ist wie »Erlebnisgastronomie in der Eifel« oder »Metropolenshopping Essen« … Oder – was ich mal in München-Pasing an einem Friseursalon gelesen habe: »Friseur Mykonos«. Offenbar Folge einer Umschulung vom Gyrosschneider zum Erlebnisfriseur.
Aber auch hier gibt's schöne Beispiele für Werbezusammenlegungen – meine Lieblingsvariante habe ich erst vor kurzem entdeckt: ein Oberhausener Chinarestaurant, das sprachlich offenbar mit der Baumarktkette Praktiker kooperiert. Da hing ein Schild im Fenster:
»Restaurant Ling-Fui. Ab jetzt 20 Prozent auf alles!«
Und irgendjemand hatte von außen mit dem Edding darunter geschrieben: »Außer Tiernahrung«. So einfach kann man mir eine Freude machen …

Wat ham die sich denn da jetzt widder überlecht?!?

Als ich z.B. das erste Mal eine Plakatwerbung für die zu dem Zeitpunkt gerade neue »Big Brother«-Fernsehsendung gesehen habe, da hab ich gesagt:
»Wat ham die sich denn da jetzt widder überlecht?!?«
Das sag ich oft.
Ist generell ein im Ruhrgebiet oft gesagter Satz.
Wenn man z.B. Auto fährt und die Durchfahrt von einer zu 'ner anderen Straße war immer frei und dann auf einmal – quasi über Nacht – steht da so 'n Pol.
Oder da is 'ne Baustelle.
Dann sagt man: »Wat ham die sich denn da jetzt widder überlecht?!?«
Bei Bedarf ergänzt um kurze Zusätze, die Missfallen oder Fassungslosigkeit ausdrücken.
»Wat ham die sich denn da jetzt widder für 'ne Scheiße überlecht?!?«
Das is Missfallen. Da geht's sprachlich im Ruhrgebiet oft so 'n bisschen ins Toilettige.
Oder eben Fassungslosigkeit. Wird oft mit dem Zusatz »in aller Welt« ausgedrückt.
»Wat in aller Welt ham die sich denn da jetzt widder« – plus Missfallenszusatz – »für 'ne Scheiße überlecht?!?«
Dieser Satz wird für alles Mögliche verwendet:
Politik, Verkehr, Fernsehen, Finanzamt, generell Behördengänge, Eintrittspreise, Versicherung, bauliche Veränderungen – alles.
Halt immer dann, wenn keine konkrete Einzelperson als Verursacher greifbar ist. Darum auch unpersönlich: »Wat ham

die sich denn da jetzt widder …« Wenn man den Verursacher kennt, wird der auch genannt: »Wat hat die Merkel sich denn da jetzt widder« – plus Missfallenszusatz – »für 'ne Scheiße überlecht?!?« Aber sonst immer unpersönlich und auf so 'ne – ich sag mal – sympathische naiv unschuldige Art und Weise davon ausgehend, dass es irgendwo Leute gibt, die sich das alles überlegen.

Da is man im Ruhrgebiet ja wohlmeinend. Man unterstellt niemandem, dass er z.B. diesen Pol oder die Baustelle da einfach so dahingesetzt hätte. So komplett unbedacht.

Der Ruhrgebietsmensch geht immer fest davon aus, dass allem, womit er (oder sie) täglich konfrontiert wird, ein Denkvorgang vorausgeht. Eine Überlegung:

»Wat ham die sich denn da jetzt widder überlecht?!?«

Sicher, er is mit dem Ergebnis der Überlegung nicht zufrieden. Darum ja auch der Zusatz:

»Wat ham die sich denn da jetzt widder für 'ne Scheiße überlecht?!?«

Aber der Vorgang des Denkens wird immer vorausgesetzt. Auch in der Politik. Es würde nie einer davon ausgehen, dass politische Entscheidungen einfach so dahingeschlunzt werden. Man unterstellt immer einen Planungsvorgang.

Und nimmt sogar an, dass »die« – wer immer das auch ist – sich des Öfteren mal zusammensetzen, um zu planen. Wie so 'n Verein. Darum ja auch:

»Wat ham die sich denn da jetzt widder überlecht?!?«

Man stellt sich also so eine Gruppe vor, die sich regelmäßig trifft und die sich dat alles immer so überlecht. Und es kommt nie was dabei rum.

Das ist so die durchschnittliche Vorstellung von Politik im Ruhrgebiet. Ja, weil so was kennt man. Aus eigenen Vereinen. Da gibt's auch immer Planungssituationen. Vergnügungsaus-

schuss. Dabei wird auch Bier getrunken. Und wenn dann am nächsten Tag nochmal die Zettel des Schriftführers durchgelesen werden, da ist schon oft der Satz gefallen:
»Wat ham wir uns denn da jetzt widder für 'ne Scheiße überlecht?!?« Da is man schon selbstkritisch. Aber dann lacht man halt und plant abends direkt weiter. Macht ja auch Spaß irgendwo, gerade wenn man dabei Bier trinkt.
Dafür ist so 'n Planungsausschuss ja eigentlich auch da. Und so stell ich mir das auch vor mit dieser Gruppe, die sich dat alles immer so überlegt. Ich stell mir die bildlich so vor, wie so 'n Vergnügungsausschuss. Drei Mann. Einer is Japaner. Weiß ich auch nicht warum. Stell ich mir halt so vor. Und die ham 'nen Kasten Bier dabei. Und die überlegen sich dat alles immer so …
Und dann sagt der eine: »Komm, wir setzen da bei dem Reuter mal so 'n Pol hin. Da bei der Durchfahrt von der einen Straße zur anderen, wo der sonst immer einfach so durchgefahren ist.«
»Nee«, sagt der andere. »Das können wir jetzt nicht auch noch machen. Das ist doch der gleiche Reuter, bei dem wir seit zwei Monaten täglich die Typen von der Telekom anrufen lassen.«
»Ja. Gerade deswegen. Mal gucken, was der so aushält.«
Und dann überlegt der andere wieder. Und sagt: »Witzig wär's schon …«
Und der Japaner unterschreibt das dann.
Der ist auch der Mächtigste von denen. Weil – er hat die Lizenz. So wie James Bond. Nur halt nicht die Lizenz zum Töten, sondern die Lizenz zum Sich-dat-alles-immer-so-Überlegen. Die hat der. Und man muss sich das so vorstellen: Der ist so mächtig, der hat die Lizenz selber unterschrieben. Das kann der. Der kann alles. Der kann auch international.
Spongebob Schwammkopf – diesen bekloppten Schwamm – den hat der sich überlegt.

Nur manchmal, da unterliegt er bei der Abstimmung. Das Ganze ist nämlich demokratisch organisiert. Darum gibt's z.B. auch dieses Tamagotchi-Ding nicht mehr. Weil, da konnte er sich nicht durchsetzen gegen die anderen beiden. War er sauer. Hat er so auf Japanisch gegrummelt:

»Brah, tschitschahei, ha, tschitschi. Tscho – ku – yomi – Kataragana – Hoi.«

(Weiß ich auch nicht, ob das genau so klingt, aber ich stell mir das so vor ...)

Aber auch nicht lange, weil sie dann zu dritt auf die Idee gekommen sind, die A40 in beide Richtungen einspurig zu machen.

Und das hat ihm auch irgendwie gefallen.

Das is jetzt gar kein Verfolgungswahn bei mir oder Verschwörungstheorie oder so was. Nee. Ich stell mir das nur so vor. Das macht mir manche Situationen im Alltag schöner. Wenn ich z.B. mal wieder auf der Autobahn stehe, weil irgendwer sich überlegt hat, dass man die Pflanzen an der Seite am besten im Feierabendverkehr schneiden kann.

Oder ich lese in der Zeitung so was wie (das ist jetzt nicht erfunden):

»Der Bund der Steuerzahler stellt im Schwarzbuch 2007 fest, dass in der Folge der Ereignisse um den so genannten Problembären Bruno in Bayern zwei Stellen für Bärenbeauftragte im höheren Dienst eingerichtet wurden«, die – das steht wörtlich im so betitelten »Managementplan Braunbären in Bayern Stufe 1« – »den Auftrag haben, sicherzustellen, dass Mensch und Bär in Bayern den Umgang miteinander wieder lernen, damit ein« – wiederum wörtlich – »konfliktfreies Miteinander von Mensch und Bär in Bayern wieder möglich wird.«

Da hätte ich mich früher aufgeregt. Und laut und revoluzzend hätte ich gerufen:

»Steuerverschwendung!«
Heute stell ich mir einfach vor, wie der Japaner das unterschreibt.
Und dann muss ich lachen. Und das is ja in jedem Fall besser, als sich jedes Mal aufzuregen. Schlagen Sie das ruhig auch mal Ihren Freunden und Bekannten vor. Und wenn die Sie dann aber ganz entgeistert angucken und sagen: »Wer hat sich denn dat jetzt widder überlecht?!?«, dann übernehme ich gerne die volle Verantwortung.

COMEDYSHOWS IN DER KRISE

AUTOREN VERHANDELN UM HÄSCHENWITZE

Ein bilinguales Treppengedicht in zwei aufeinander aufbauenden Strophen

1.)
Deutsch: Treppe
Englisch: a trap

Das eine geht hoch.
Das andere ist Nepp,
beziehungsweise eine Falle,
die treppenintern
dort angebracht wird, wo Deppen verkehr'n,
um solche in jedem Fall fallen zu sehen,
wenn sie wie Deppen die Treppen hochgeh'n:

Unachtsam
nicht auf den Boden schauend
mit offenem Munde den Kaugummi kauend
die Ohren randvoll mit Gangsta-Rap
manch anderen kaugummikauenden Deppen im Schlepp

trampeln sie tumb in die trap hinein,
um nach kurzem Fall wieder Parterre zu sein.

2.)
Deutsch: Esther
Englisch: Astaire

Astaire ist bekannt.
Bei Esther fragt mancher: »Nochmal, bitte? Wer?«
Esther tanzt im Flur und ist froh!
Das war aber nicht immer so …

Denn früher war sie ganz schön angeschmiert,
weil als Deppin im Deppenclub voll integriert
und fiel fast täglich auf Treppen in zahlreiche traps
im Schlepp eines gangstaraprappenden Depps,

bis sie Fred traf
und der tanzte Jive, Twist und Swing
und sagte: »Esther – Rap ist doch gar nicht dein Ding!
Komm, steig mit mir mal die Stiegen empor –
singing trotz rain mit Sinatra im Ohr.«
Und so swingten sie munter aufwärts die stairs,
bis zur trap, doch dort riefen die Deppen von unten:
»Das wär's!«
Denn sie waren ja vorher schon runtergefallen
und der gemeinste Kaugummikauer von allen
schrie: »Fred! Nie schaffst du die stair mit der trap!«

Doch Fred sagte: »Baby, jetzt tanzen wir Stepp«,
und überwand rhythmisch klappernd die Falle im Flur
mit Esther im Arm und Dean Martin in Dur.

Und nichts hassten fortan die Deppen so sehr,
wie Stepptanz, Swing und Fred Astaire.

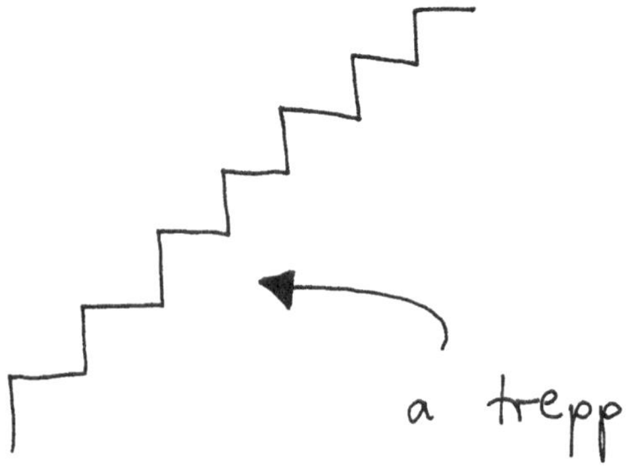

Schrecken des Alltags – Teil 4: Nachwuchs

Kindergeburtstag im Autokino – ein Drama in drei Akten

1. Akt: Prolog – vor dem Film

Die Szenerie:
Man sieht einen VW Sharan blaumetallic inmitten anderer Autos auf Parkplatz 3 eines Autokinos.
Im Wagen anwesend sind alle Gäste des Kindergeburtstages von Pascal Krächert, außerdem Herr und Frau Krächert – Pascals Eltern:

Frau Krächert: »Manfred, warum sind wir nicht wenigstens mit zwei Autos hier reingefahren?«

Herr Krächert: »Zwei Autos sind teurer und hier in den Sharan passen doch alle gut rein.«

Vier Kinder (gleichzeitig von der Rücksitzbank): »Wann gibt's Eis?«

Frau Krächert: »Wenn ihr brav seid, dann fahren wir alle nach dem Film noch zu McDonald's und essen ein Happy Meal.«

Pascal: »Ich kann nix sehen. Der Papa ist zu groß.«

Frau Krächert: »Der Papa duckt sich gleich.«

Herr Krächert: »Wie? Der duckt sich, der Papa? Soll ich mir 'ne Genickstarre holen?«

Frau Krächert: »Wer ist denn auf die Superidee hier gekommen? Ich hab's noch in den Ohren – ›da müssen wir nicht mal aussteigen, Angelika … nur mit dem Auto hin und zurück‹. Lass das, Jerome.«

Pascal: »Der Jerome hat mir in die Nase gespuckt.«

Frau Krächert: »Jerome, wenn du dem Pascal nochmal in die Nase spuckst, dann kriegst du gleich kein Happy Meal.«

Jerome: »Ich mag kein Happy Meal. Ich will Eis.«

Alle Kinder (im Chor): »Wir wollen Eis! Wir wollen Eis!«

Frau Krächert: »Ja. Manfred – sag du doch auch bitte mal was.«

Herr Krächert (kurbelt das Fenster runter): »Vier Nogger bitte.«

Die Kinder: »Jaaaaaaa!!! Nogger!!«

Frau Krächert: »Das ist so deine Erziehung, Manfred – einfach immer schön nachgeben … Ja? Und wer steht wieder als die Böse da? Wer ist wieder die Verbieterin, die keinen Spaß versteht …?«

Jerome: »Mir ist mein Eis runtergefallen.«

Herr Krächert: »Doch nicht auf die Sitze?«

Frau Krächert: »Ja, wenn man den Kindern auch noch unbedingt Eis kaufen muss, da passiert so was ja schon mal. Geh da mit dem Nogger vom Fenster weg, Lukas!«

Lukas: »Ich hab ein Gesicht gemalt.«

Pascal: »Das kann ich auch. Lass mich mal ans Fenster.«

Jerome (nimmt Pascal das Eis weg und beißt rein): »Nogger!«

Pascal reißt Jerome den Arm rum, spuckt ihm kurz aus Rache in die Nase und holt sich das Eis zurück, trifft dabei aber versehentlich seinen kleinen Bruder Nico mit dem Ellbogen im Gesicht, woraufhin dessen Brille kaputtgeht.
Pascal, Nico und Jerome heulen.
Lukas heult nicht und malt mit seinem Nogger noch ein weiteres Gesicht ans Fenster.
Alle anderen drei Nogger befinden sich mittlerweile halb geschmolzen auf der Rücksitzbank.
In diesem Moment beginnt der Film.

2. Akt: Hauptteil – der Film

Schon während der ersten Szenen des laufenden Films zeigt sich, dass Manfred Krächert offenbar doch auf Kinoparkplatz 4 und nicht auf 3 hätte fahren müssen und dass seine Frau Angelika mit ihrer Aussage »Außer uns sind nur ganz komische Typen hier, Manfred …« zumindest nicht völlig falsch lag. Gezeigt wird nämlich nicht der von Krächerts erwartete Kinderfilm, sondern das kunstblutintensive Splatter-Horror-Spektakel »Chainsaw Vanilla-Killa«. Untertitel: »Bloody Banana Split 2«, ein Film, der davon handelt, dass ein einarmiger Speiseeisverkäufer nach Genuss eines atomarsalmonellenverunreinigten Vanilleeises dem Wahnsinn verfällt und danach mit einer Einarm-Kettensäge alle niederstreckt, die kein Hörnchen mit Eis bei sich tragen.

Frau Krächert: »Was ist das denn? Das ist doch nicht Harry Potter?«

Herr Krächert: »Nee, also … meine Güte, was macht'n der da mit der Säge?«

Frau Krächert: »Uahh – das ist ja widerlich – Kinder – ihr haltet euch sofort die Augen zu.«

Die Kinder starren mit offenen Augen gebannt auf die Leinwand. Nico Krächert versucht, seine eisverschmierte Brille selbst zu reparieren.

Jerome: »Boah. Der sägt den kaputt.«

Frau Krächert: »Manfred. Tu doch was. Fahr weg!«

Herr Krächert: »Angelika. Wir sind hier im Autokino. Um uns rum stehen überall Wagen. Wie soll ich denn wenden? Sag ma, geht der jetzt … geht der mit der Säge in den Linienbus?«

Pascal: »Der will die alte Omma killen …«

Lukas: »Nee, die hat ’n Eis in der Hand.«

Pascal: »Stimmt. Aber der Fahrer nicht.«

Jerome: »Zack. Und Kopf ab.«

In diesem Moment reagiert Angelika Krächert über und dreht den Zündschlüssel um, der Wagen springt einen halben Meter nach vorne und rammt den Dreier BMW von Mike Lotz, einem Türsteher, der mit seinem Arbeitskollegen Bronco vor der um 22.00 Uhr beginnenden Schicht in einer Großdiskothek immer nochmal gerne einen motivierenden Film anschaut.

Mike Lotz: »Dem Typen schlag ich die Fresse ein.«

Bronco: »Alter. Denk an deine Bewährung!«

Mike Lotz: »Nich beim BMW.«

Schnitt.

3. Akt – Epilog (nach dem Film)

Pascal (glücklich): »Papa, das war super! Der beste Geburtstag, den ich je hatte.«

Lukas (schwärmend): »Und wie der dicke Mann immer gegen 's Auto getreten hat, das hat total super geschaukelt.«

Jerome (euphorisiert): »Das erzähl ich sofort zu Hause meiner Mama.«

Frau Krächert: »Manfred, Mittwoch ist Elternpflegschaft.«

Herr Krächert: »Und?«

Frau Krächert: »Und da gehst du alleine hin.«

Und während die Kinder auf der eisverklebten Rückbank nochmal die schönsten Szenen aus »Chainsaw Vanilla-Killa. Bloody Banana Split 2« mit imaginären Einarm-Kettensägen Revue passieren lassen, lenkt Manfred Krächert seinen von den Füßen des Türstehers zerbeulten VW Sharan in die Drive-in-Einfahrt von McDonald's, um dort für alle noch ein Eis zu kaufen – und für sich und seine Frau ein Happy Meal, dessen Name die Stimmung der beiden am heutigen Abend nur sehr ungenau beschreibt.

Rolltreppe ♫

Elmar war aus hohem Hause und studierte »Wiwi«.
»Wiwi«, das sind Wirtschaftswissenschaften, wie man weiß.
Doch sein Geist glich – rein vom Umfang her – den Kernen
einer Kiwi
und ähnlich schlecht war's auch bestellt um sein Talent und
seinen Fleiß.
Direkter formuliert: Elmar war 'ne faule Sau,
gänzlich unbegabt und hirnlos und fast jeden Abend blau
und tagsüber lag er nur rum und machte gar nichts –
außer Schmutz.
Kurz: Er war außer für den Arbeitsplatz der Putzfrau
zu nix nutz.

Auch die Uni betrat Elmar nur ganz ausgesprochen selten,
je nachdem, was am Montag im Mensa-Menüplan stand.
Und wenn er da war, las er meistens die Sport-BILD, denn
ihn trennten Welten
von seinen Dozenten, aber die war'n Elmars Eltern
persönlich bekannt.

Denn sein Vater war Bürgermeister und die Mutter im
Landtag
und beide war'n seit Jahr'n im Lions Club
und da war auch der Uni-Rektor drin (und der brauchte 'n
neues Hörsaalzentrum)
... und so lief Elmars Studium relativ reibungslos ab.
So wie auf 'ner Rolltreppe
ohne jede Bewegung
vollautomatisch
Stufe für Stufe hinauf.

So wie auf ’ner Rolltreppe
komplett ohne Regung
völlig geräuschlos im Stillstand befördert barrierefrei rauf.

Nach der Uni musste Elmar vor den Traualtar mit Gitti.
Die war die Tochter des Rektors und sah aus wie Ringo Starr,
was für ’ne Beatlescoverband ideal ist, bloß für ’ne Frau nicht so pretty,
und bei der Hochzeit sagten beide »Na gut. Meinetwegen« statt »Ja«.

So lag Elmars Diplom der Ehevertrag gleich bei.
Im Grunde brauchte er jetzt nur noch ’n Auto und ’ne Partei.
Darum kaufte ihm sein Vater auch ’nen Audi und ’nen Führerschein
und schon am nächsten Tag trat er in die Partei der Eltern ein.

Und da – man kann’s so sagen, lief’s für ihn direkt nicht schlecht,
denn er war als Einziger weit unter 60 und kam damit gerade recht,
um als dynamischer junger Finanzexperte aufgebaut zu werden,
und ab dem Punkt war sein Aufstieg nun wirklich nicht mehr zu gefährden.
So wie auf ’ner Rolltreppe
ohne jede Bewegung
vollautomatisch
Stufe für Stufe hinauf.

So wie auf 'ner Rolltreppe
komplett ohne Regung
völlig geräuschlos im Stillstand befördert barrierefrei rauf.

Nur eines haben Rolltreppen halt so an sich:
Die Richtung bestimmt stets die Treppe und nie der,
der fährt,
und manchmal fährt man und fährt man erst höher und
höher, bis man sich
dann im obersten Stockwerk erst klar wird:
»Hier bin ich verkehrt.«

Genauso ging es schon vielen
... aber Elmar nich!
Der kam bis in den Bundestag, komplett zufrieden mit sich,
saß ganz hinten, las die Sport-BILD, applaudierte manch-
mal und war immer da,
aber nur weil's ihm dort besser gefiel als daheim bei
Ringo Starr,
soff auf jedem Stadtteilfest mit und gewann jede Wahl
und starb mit 92 Jahr'n zufrieden in 'nem Striplokal.

COGITO ERGO SUM

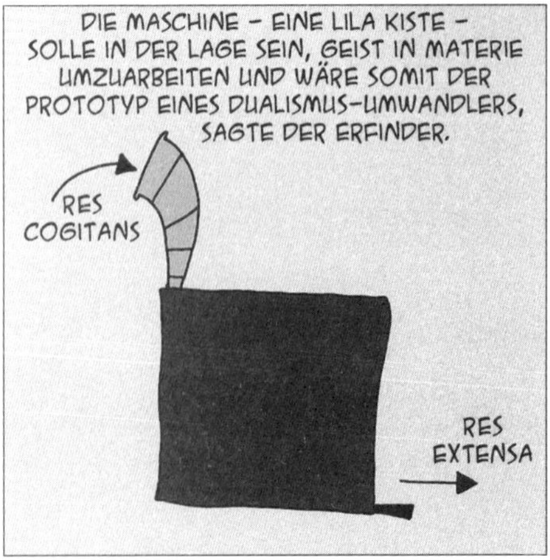

DESCARTES WAR ZWAR WEDER BESONDERS INTERESSIERT NOCH IN IRGENDEINER FORM ÜBERZEUGT, ABER IHM WAR – WIE GESAGT – LANGWEILIG UND SO NAHM ER SICH SEINE "MEDITATIONES DE PRIMA PHILOSOPHIA" ZUR HAND UND PROBIERTE DIE KISTE AUS.

... ABER ALLES, WAS HERAUSKAM, WAR EIN NIEDLICHES BÄRCHEN AUS STOFF, DAS MIT DEM ARM WINKEN KONNTE.

DESCARTES WAR IRRITIERT UND PROBIERTE ES ERNEUT MIT EINER ETWAS ANDEREN BETONUNG AN DEN ZENTRALEN STELLEN SEINES TEXTES.
DAS ERGEBNIS WAR EIN KLEINER, GRAUER ELEFANT.

SO HATTE ER NACH CA. EINER DREIVIERTELSTUNDE EINE GANZE MENGE BÄREN UND ELEFANTEN. ZUDEM EINIGE GÄNSE UND SCHILDKRÖTEN, DIE IHM EIN EXPERIMENT MIT SEINEM "DISCOURS DE LA MÉTHODE" EINGEBRACHT HATTE ...

IN ERMANGELUNG EINER BESSEREN IDEE BEGANNEN DESCARTES UND DER KONSTRUKTEUR DER LILA KISTE, DIE NIEDLICHEN TIERE AN SPIELZEUGLÄDEN ZU VERKAUFEN, WO SIE REISSENDEN ABSATZ FANDEN. UM KOPIEN ZU VERMEIDEN, STATTETEN SIE SIE MIT EINEM KNOPF IM OHR AUS, DER DEN NAMEN DES KISTENERFINDERS TRUG, WEIL DER URSPRÜNG-LICHE FIRMENNAME "RENÉ-DESCARTES-FLAUSCHTIERE" SCHLICHT ZU LANG WAR, ALS DASS ER AUF EINEN KNOPF GEPASST HÄTTE ...

UND SO LÄSST SICH DER INTERNATIONALE ERFOLG DER STEIFF-STOFFTIER-INDUSTRIE AUF DEN DESCARTESCHEN DUALISMUS ZURÜCKFÜHREN.
ICH GLAUBE IHM KEIN WORT...
EGAL ... SCHREIB MIT. DIE EINFÜHRUNGS-VORLESUNGEN SIND IM GRUNDSTUDIUM PFLICHT.

Schrecken des Alltags – Teil 5: Jobsuche

Die Carstiade

Auf dem Fernsehbildschirm sieht man zwei Männer. Der eine ist Journalist eines TV-Kulturmagazins, der andere ist Carsten Koralewski. Unter dessen Namen findet man im Bild die Worte »arbeitsloser Geisteswissenschaftler« und »Begründer der ersten deutschen Carstiade« eingeblendet.
Hinter den beiden sieht man einen Trecker. An diesem sind einige Karnevalszug-ähnliche Anhänger sowie eine größere Anzahl von Einkaufswagen angebracht.
In den Einkaufswagen sitzt jeweils ein Huhn.
D.h. nicht in allen Einkaufswagen: Zum Teil sind die Hühner herausgesprungen und rennen gackernd über den Gehsteig. Gelegentlich läuft ein Schwein durchs Bild.
Der Trecker steht mit laufendem Motor auf der Straße, was dem ganzen Geschehen eine gewisse Grundlautstärke gibt. Außerdem sind auf dem ersten Anhänger rechts und links zwei Boxentürme angebracht, aus denen man laute Oldie-Musik hört. Momentan »You can get it if you really want« von den Troggs. Um den Trecker herum stehen zahlreiche Menschen. Es sind sicherlich über 20000 Personen im Alter zwischen 20 und 35 Jahren anwesend. Das Hupen von auf dem Arbeitsweg behinderten Autofahrern rundet das Gesamtbild ab.
Carsten Koralewski macht einen sehr zufriedenen Eindruck.
Der Kulturjournalist interviewt ihn.
»Und wie war das dann genau, Herr Koralewski?«

Carsten Koralewski:
»Ja, und dann hab ich halt ’nen Aufruf gestartet. Im Internet. Wer kommt mit Carsten zum nächsten Bewerbungsgespräch? Die erste deutsche Carstiade startet am 25.3. vor der Mensa der Heinrich-Heine-Universität. Musik und Bier sind in ausreichender Menge vorhanden!
Und das hat sich so rumgesprochen. Beim ersten Mal waren dann ca. 100 Personen dabei, zum größten Teil arbeitslose Akademiker und Studenten, beim zweiten Mal waren es schon um die 1000 und heute findet das Ganze zum dritten Mal statt und ich glaube, es sind so insgesamt in etwa 25 000 Leute hier …«
Aus dem Publikum hört man an dieser Stelle Johlen, Applaus, Jubel und Fußballchor-ähnliche Gesänge: »Carsten braucht ’n Arbeitsplatz! Carsten braucht ’n Arbeitsplatz! …«
Carsten Koralewski (ringt mit lautem Lachen):
»Da hatte ich auch nicht mit gerechnet, aber das hat sich irgendwie verselbständigt. Und das wird immer mehr.
Seit heute morgen um 9 Uhr 30 liegt hier die ganze Innenstadt lahm. Kaum ein Auto kommt noch durch, aber die Stimmung ist super! Ich hab das natürlich als Demonstration angemeldet. Na, ich hab mir gedacht: Wenn die Arschgeigen von ’ner NPD da jedes Mal ’ne Erlaubnis kriegen …
Das kann ich auch mal machen.
Offiziell demonstrieren wir hier im Übrigen auch gegen die Ausbeutung deutscher Nutztiere in Analogie zur Situation junger Akademiker im Betriebspraktikum. Darum ja auch die Hühner und Schweine.
Mir selbst sind zum Beispiel seit meinem Magisterabschluss vor knapp zwei Jahren insgesamt 94 Mal Praktika angeboten worden … bei im Ganzen 115 abgelehnten Bewerbungen. Und um das zu symbolisieren, haben wir jetzt 94 Einkaufswagen an

den letzten Anhänger dran gemacht und da jeweils ein Huhn reingesetzt. Und natürlich auch, weil's so mehr Krach macht. Die Hühner und Schweine hab ich von meinem Onkel. Der hat 'nen Bauernhof und sagt, das ist o.k., wenn die Tiere gelegentlich mal 'nen Ausflug machen. Hauptsache, sie kommen abends alle wieder heil nach Hause.«

In diesem Moment läuft ein Schwein auf das Bild zu und beißt den Kameramann. Aus dem Off hört man die Worte »Ahh. Verdammtes Mistviech« und die Übertragung ist kurzzeitig stark verwackelt. Aus den Lautsprechern erklingt »Obla Di, Obla Da« von den Beatles. Das Publikum singt dazu einen fröhlichen Text über Magisterabschlüsse und Hartz IV.

Der Kulturjournalist:

»Ja, und wo geht denn Ihr – sagen wir mal – ›Happening‹ heute hin, Herr Koralewski? Wo genau bewerben Sie sich?«

Carsten Koralewski:

»Um ehrlich zu sein: Beim Landesinnenministerium – ich hab irgendwann da an die Pressestelle so 'ne Initiativbewerbung als Redenschreiber verschickt. Und irgendwer hat mich eingeladen. (Lacht.) Bin mal gespannt, ob die mich mit dem Trecker bis ganz vor die Tür fahren lassen.

Aber selbst wenn ich den Job heute nicht kriege, das ist auch kein Problem. Wir haben ja alleine heute Morgen hier schon für knapp 15 000 Euro Bier verkauft. Und beim nächsten Mal machen wir auch noch 'n Döner-Wagen hinten dran.

Und wenn jetzt der Sommer so richtig schön wird, dann mach ich mir überhaupt keine Sorgen mehr. Die Leute finden's super. Love-Parade ohne Scheiß-Musik. Das hat ja vorher noch keiner ausprobiert. Ist der Renner …«

Der Kulturjournalist:

»Wie sind Sie eigentlich auf die Idee zur, äh, ›Carstiade‹ gekommen, Herr Koralewski?«

Carsten Koralewski:

»Ja, wissen Sie, ich war bei so 'ner Jobbörse und da hat so 'n Bewerbungsprofi eine Rede gehalten und der Typ hat mich irgendwie inspiriert. Jetzt gar nicht so das, was der inhaltlich gesagt hat. Das war nur Schwachsinn. Aber das es so 'n Typen überhaupt geben kann – das hat mich beeindruckt.

Und das hat mir eins schlagartig klargemacht ... und zwar, dass man vom Jobsuchen auch ganz passabel leben kann. Wollen Sie eigentlich 'n Stück mitfahren? Hier auf dem Trecker sind noch zwei Plätze frei ...«

Der Journalist und der Kameramann klettern mit auf den Trecker und der Zug setzt seinen Weg in Richtung Innenministerium fort. Aus den Boxen hört man »Easy like sunday morning« von Lionel Richie. Viele singen, einige gackern und ein paar grunzen fröhlich mit, zwar nicht immer im Takt, aber bester Dinge. Und Carsten Koralewski macht einen insgesamt sehr zufriedenen Eindruck.

Sieben Leute mit »P« betrachten den Schatten ♫

Man stelle sich folgende Situation vor –
ein schattiger Raum und darin
sitzen sieben Leute mit »P«,
von denen ich jetzt keiner bin,
denn ich betrachte das Ganze von außen
und berichte, was dort geschieht,
und das finden auch alle in Ordnung,
denn das ist ja hier mein Lied.

Die sieben mit »P« sind ein Psychologe,
ein Programmchef und ein Poet,
ein Politiker, ein Philosoph und ein Physiker
und einer, der nur so dasteht
und den Gesprächen der anderen zuhört,
die sich um den Schatten dreh'n,
denn außer dem Schatten ist da in dem schattigen Raum
für die Leute nicht so viel zu seh'n.

Für den Physiker ist der Schatten
rein definitorisch interessant –
ein Schattenraum wäre ein Raum ohne Licht,
erzeugt durch 'nen Gegenstand,
dessen eine Seite das Licht dämpft,
wobei die andere den Schatten begrenzt,
und dazu kennt er noch zahlreiche Formeln,
die er zum Schrecken der anderen ergänzt.

Der Psychologe sagt: »Seht mal, der Schatten
ist doch dem Unterbewusstsein sehr gleich.
Gedachte Gedanken verschwinden im schattigen Dunkel,
ganz ähnlich wie bei einem Teich,
der voll ist mit Fischen, doch weil er sehr tief ist,
sieht man die nicht, denn sie schwimmen am Grund
genauso wie unterbewusste Gedanken.
Der Philosoph sagt nur: »Na und?«

Und dass ihn das eigentlich kaum interessiere –
es wären ja immer nur Schatten zu sehen.
Denn für ihn als Platoniker gäbe es eh
nur präexistente Ideen,
deren Schatten der Mensch für die Welt hält,
wie sie an sich ist, obwohl das nicht stimmt.
Und darum wär ihm auch vollkommen schnuppe,
was bei Freud so im Tümpel rumschwimmt.

Der Politiker sagt, bei Schatten
denke er sofort an Licht,
denn man sehe nur die im Lichte,
die im Dunkel sehe man nicht.
Das wär zwar von Brecht, aber trotzdem nicht schlecht,
und er würd das als Anregung versteh'n
und darum wär er auch meistens im Rampenlicht,
also außer – man soll ihn nicht seh'n …

»Dass Sie korrupt sind …«, wirft da der Poet ein,
»das weiß ich seit Jahren genau.«
»Und geschrieben hab ich es auch schon,
aber gelesen hat's nur meine Frau.«
Denn für Dichter wie ihn wär der Schatten

gleich ihrem Platz in der Öffentlichkeit.
Und die Schuld daran läg beim Programmchef
und dessen Umgang mit Sendezeit.
»Na, dann schreiben se doch auch mal was Seichtes …
und nicht so 'nen anspruchsgeladenen Stuss«,
sagt der Programmchef, denn für ihn wär der Schatten
ein Hohlraum im Kopf, den man füllen muss.
Das wär auch die Aufgabe seines Senders,
der sich über Werbung finanziert
und zu viel Kultur im Programm wär da schädlich,
weil sonst halt die Werbung vergessen wird.

Und an der Stelle packt es den Siebten mit »P«,
denn er hält das Geschwätz nicht mehr aus.
Er ruft: »Wie der Schatten ist, das ist mir völlig egal –
ich will bloß endlich hier raus.«
Dann sucht er im Dunkel den Raum ab
und findet 'ne Klinke an der Wand
und damit drückt er die Tür auf und geht –
Pragmatiker wird er genannt.

Und während die anderen noch diskutieren,
ist der Pragmatiker lange schon raus,
und er gründet eine Familie
und baut ein Einfamilienhaus
mit großen Fenstern in jedem Zimmer
und einem schattenfreien WC –
denn von den Leuten mit »P« hat fast immer …
der Pragmatiker die beste Idee.

Herbert spielt die sieben Zwerge

»Mensch, Herbert, wir sind nun mal nicht so viele Leute«, warf Erika ein. »Und da muss man eben manchmal improvisieren.«

Die Diskussion dauerte jetzt schon fast zwei Stunden. »Und wenn wir doch einfach ’n anderes Stück spielen?«, versuchte Herbert es zum ca. zehnten Mal, aber im Grunde hatte er schon aufgegeben.

Gegen »Schneewittchen« hatte Herbert auch gar nichts. »Schneewittchen« war ein schönes, altes Märchen, fand er. Er konnte sich nur nicht mit dem Gedanken anfreunden, »Schneewittchen« mit insgesamt nur fünf Darstellern aufzuführen.

Wie oft hatte er es ihnen vorgerechnet:

1 Schneewittchen + 1 schöner Prinz + 1 böse Stiefmutter + 1 König + 7 Zwerge machte bei ihm mindestens 11 Rollen. 11 Rollen – da blieben bei 5 Darstellern 6 Rollen übrig, hatte er ihnen erklärt.

Und an dem Punkt der Diskussion war Erika auf die Idee gekommen: Man könne doch die sieben Zwerge als nur eine Rolle ansehen und mit nur einem einzigen Schauspieler besetzen, hatte sie gesagt. Das wäre zum einen modern und zum anderen irgendwie witzig.

Herbert wusste, dass das kein Scherz sein sollte. Außerdem wusste er, wer die sieben Zwerge würde spielen müssen, wenn es denn so weit kommen würde. Aus einem für ihn geheimnisvollen Grund blieben solche Rollen immer an ihm selbst hängen. Im letzten Krippenspiel war er ein Rind gewesen. (Erika hatte es für – Zitat – »irgendwie realistisch« gehalten, Ochs und Esel nicht nur im Text anzudeuten, sondern auch als – Zitat – »Erlebnisträger des Krippenmoments optisch zu entfalten«.). Im »Wilhelm Tell« war Herbert der Vierwaldstät-

ter See gewesen. Was Erika dazu gesagt hatte, hatte er glücklich verdrängt …
Tatsächlich hielten alle die Idee für großartig und so spielte Herbert eben die sieben Zwerge.
In diesem Fall war allerdings die praktische Umsetzung deutlich schwieriger als beim Tell. Hatte Herbert als See lediglich in seinem blauen Kostüm herumstehen und möglichst wasserartig aussehen müssen, so forderte ihm die Rolle der sieben Zwerge ganz andere schauspielerische Finessen ab. Das lag hauptsächlich daran, dass Zwerge – im Gegensatz zu Seen – sprechen. Und zwar nicht immer nur einer, was verhältnismäßig einfach gewesen wäre, sondern unterschiedliche Zwerge, oft sogar unmittelbar nacheinander.
Aber auch hier hatte Erika, die im Übrigen selbst die böse Stiefmutter verkörperte (wofür Herbert vollstes Verständnis hatte), die rettende Idee: Herbert könne doch mit mehreren Bärten und Mützen agieren. Jede Mütze-Bart-Kombination stünde dann für einen anderen Zwerg. Alle außer Herbert fanden die Idee fantastisch.

Auf der Bühne sollte das dann so aussehen: (ein Skriptauszug)

> Schneewittchen (Ulla) isst von jedem Teller ein bisschen und legt sich danach einmal in jedes Bett. Im letzten Bett schläft sie ein. Die sieben Zwerge (Herbert) kommen allmählich nach Hause von ihrer Arbeit im Erzbergwerk. Verwundert betrachten sie den Tisch und die Teller.
>
> *Erster Zwerg (Langbart, grau – Mütze grün):* »Wer hat auf meinem Stühlchen gesessen?«
>
> *Zweiter Zwerg (schneller Wechsel: Herbert – Zwirbelbart, weiß – Mütze auberginefarben):* »Wer hat von meinem Tellerchen gegessen?«

Dritter Zwerg (Schnurrbart-Langbart-Kombination – Mütze ocker – Stimme tief): »Wer hat von meinem Brötchen genommen?«

Vierter Zwerg (gelblich weißer Kurzbart, Mütze blau, trägt Erzspitzhacke – Stimme hoch): »Wer hat von meinem Gemüschen gegessen?« …

Spätestens an dieser Stelle war im Publikum meistens kein Halten mehr. Verfeindete Nachbarn lagen sich vor Lachen in den Armen. Menschen, die gerade noch in Gedanken an ihrem Arbeitsplatz waren, vergaßen die Welt um sich herum und lachten Tränen. Und selbst der Hausmeister der Schulaula, in der die Aufführungen stattfanden – ansonsten ein erklärter Feind jeder Art von Schauspiel –, kam allabendlich zur selben Zeit extra wegen dieser einen Szene aus seinem Büro heraus und lugte durch die Eingangstür, amüsiert wie kaum jemals zuvor in seinem Leben.

Das Ganze kam derart gut an, dass zahlreiche Rollenangebote auf Herbert einprasselten, von denen er einige annahm, wie z.B. »Die glorreichen Sieben«, die Beatles und in einer Literatur-Neuverfilmung alle Familienmitglieder der »Buddenbrooks«. Andere lehnte er aber auch dankend ab. Als beispielsweise ein Regisseur anrief, um Herbert für eine Theaterfassung der »Star Wars«-Filme mit ihm in der Rolle der »imperialen Truppen« zu gewinnen, sagte er genauso nein wie zum geplanten Bottroper Musical »Asterix und die Goten«, in dem er alle Römer des Lagers Babaorum spielen sollte. Einzig Erikas Bitte, er solle doch in einem von ihr geschriebenen Heimatstück die Duisburger Sechs-Seen-Platte verkorpern, konnte er einfach nicht abschlagen, weil sie halt schon ewig zur Theatergruppe gehörte.

Und als er schließlich – nach einer beispiellosen fünfjährigen Karriere – seinen Rückzug von der Bühne bekannt gab, hatte

Herbert insgesamt um die 1500 Rollen gespielt. Und das in nur etwa 40 Theaterstücken und zwölf Filmen.
Wurde er jedoch in einem Interview gefragt, woran er sich am liebsten zurück erinnere, so musste er den verdutzten Journalisten immer wieder ehrlich sagen, dass für ihn nichts so schön gewesen sei wie die Zeit, in der er noch das Rind im Krippenspiel oder der Vierwaldstätter See im »Wilhelm Tell« war.

Schrecken des Alltags – Teil 6: Prominente

Rosamunde Pilcher und ich ♫

An 'nem Dienstag klingelt's, ich mach auf,
da steht sie vor mir,
die Schreibmaschine in der Hand,
den Fuß in der Tür
und ich frag noch ganz entgeistert: »Was???«,
doch sie tritt einfach ein
und sagt zu mir: »Ich zieh jetzt hier ein.«

Ich steh im Flur und gräme mich.
»Wieso gerade ich?«
Sie dekoriert die Wohnung neu und
beachtet mich nich …
In meiner Küche sieht's jetzt aus wie auf 'nem Nippes-Bazar
und ihr Büro is da, wo mein Wohnzimmer war.

Rosamunde Pilcher und ich,
Rosamunde Pilcher und ich.

Früher lebte ich hier wirklich
völlig normal,
doch Küche, Bad und Schlafzimmer
war'n ihr zu banal.

Jetzt kommt es vor, sie sitzt mit ihrem »Tea« im »Salon«
und ich mit meinem Bier auf'm Balkon.
Ich bin eigentlich ein Ausbund an Gelassenheit,

friedlich, freundlich, ausgesprochen ruhig …
die Toleranz in persona, neige kaum zum Streit,
doch jetzt ich sitz hier im Bad und denk:
»Was tu ich … bloß …

… um diese Frau loszuwerden.
Irgendwie muss die raus.
Auch das Geklapper von der Schreibmaschine
halt ich nicht mehr aus.
Und seit gestern nennt sie mich auch noch den
›kleinen Mäzen‹.
Also, kurz gesagt, die Frau muss geh'n …«

Rosamunde Pilcher und ich,
Rosamunde Pilcher und ich.

Ich sag es ihr beim Frühstück,
es tut mir wirklich sehr leid,
aber siebeneinhalb Monate sind nun mal 'ne lange Zeit
und mein Gehalt reicht auch nicht aus, um ewig zwei
zu ernähr'n
… also, wenn sie vielleicht so freundlich wär'n …

und sie ist beleidigt, sagt,
ich hätte sie tief im Innern verletzt,
und dass ihr Werk darunter leidet,
wenn man sie privat nicht schätzt,
und dann geht sie und sagt, dass sie an meiner
»Aura erkrankt«,
und dann hat sie sich noch nicht mal bedankt.
Rosamunde Pilcher und ich,
Rosamunde Pilcher und ich.

Und heut Morgen gucke ich
bei meinem Nachbarn hoch,
seh so ’n Schwan im Fenster,
denke mir, den kennst du doch,
weil: Der is aus Glas und den hatte sie damals beim
  Einzug mit …
Rosamunde wohnt jetzt bei Schmitt.

Rosamunde Pilcher und Schmitt.
Rosamunde Pilcher und Schmitt.

R. Pilcher in meiner Küche
(Archivbild)

MEDIENHÖHEPUNKTE UNSERER ZEIT: HEIDI KLUM WIRD WIEDER MUTTER

Oliver Kahn nachmachen

Gelegentlich spreche ich mit anderen Leuten in Ermangelung eines geeigneteren Themas über einen jungen Komiker, der mir nicht gefällt, meinen Gesprächspartnern aber gelegentlich schon.

In solchen Unterhaltungen fällt nach ungefähr drei Minuten so gut wie immer folgender Satz: »Der kann aber gut Oliver Kahn nachmachen.«

Ja.

Was ist das denn für 'ne Fähigkeit?

Oliver Kahn nachmachen?

Und diese Frage möchte ich jetzt nicht ungerechterweise nur auf den jungen Mann aus dem Zyniker-Entertainment-Nachwuchs des deutschen Fernsehens beziehen. Nee, mal so ganz allgemein. »Der kann aber gut Oliver Kahn nachmachen.«

Was soll'n das?

Beziehungsweise: Ist die Fähigkeit einer Person X zur Oliver-Kahn-Imitation eine derart zu begrüßende, dass sie in der Lage wäre, das ansonsten durchweg eher schwierige Gesamtbild dieser Künstlerpersönlichkeit dahingehend aufzuwerten, dass das Argument »Der kann aber gut Oliver Kahn nachmachen« zur Untermauerung der These »Künstler X ist gar nicht so 'n Schwachkopf« sinnvollerweise verwendet werden kann – oder nicht?

Nun gut. An dieser Stelle mag jetzt der eine oder andere denken: »Pffffff ... was soll's?«

Ja, sag ich da. Aber ...

... die Graugänse. Nehmen wir mal die Graugänse.

Für die ist Imitation z. B. richtig wichtig.

Wenn da die Küken – sagt man eigentlich Küken? Bei Säugetieren ist das ja total unterschiedlich. Da sagt man beim Pferd Fohlen, beim Hund Welpe, beim Reh Kitz, beim Schwein Ferkel, beim Rind Kalb, beim Nashorn … äh … kleines Nashorn. Aber bei Geflügel? Hm.

Egal. Jedenfalls:

Wenn da jetzt so die Kinder von der Graugans aus dem Ei hüpfen, dann wissen die nämlich überhaupt noch nicht, wie das Ganze gansmäßig jetzt so abläuft.

Weil die praktisch im Geflügelbereich von der Natur erst mal null gebrieft sind.

Denen kannze alles erzählen:

Wenn du denen sagst: »Graugänse, das sind so Tiere, die essen Styropor, kleiden sich wie Herbert Knebel und jonglieren mit drei Bällen« – dann gehen die in ’n Laden und kaufen sich so ’ne Schlagmütze. Aber auch nur, wenn du denen vorher ein Bild von Herbert Knebel zeigst. Wenn du denen ein Bild von Katja Ebstein zeigst und sagst, das wäre Herbert Knebel – dann holen die sich so ’ne Perücke.

Man sieht: Für die Graugans ist Imitation ausgesprochen wichtig. Weil die Grundidee der Graugans im ich sach jetzt einfach mal Küken nicht komplett intuitiv angelegt ist. Nur so die grobe Richtung: Flügel, Schnabel usw. – alles, was sonst zur Gans dazugehört, müssen die noch durch die Imitation der Gänsemutter lernen.

Und jetzt nehmen wir mal Oliver Kahn.

Nehmen wir mal an, Oliver Kahn wär so ’ne Art Gattungsbegriff. Und die jungen Oliverkahne haben jetzt das Kahnhafte in sich angelegt, aber halt nur als so ’ne Art Potenz, so ’ne Möglichkeit zum Oliver Kahn.

Und alles Weitere müssen die sich selbst durch Imitationslernen, durch das Nachmachen des Original-Kahns als sagen wir mal Vaterfigur erarbeiten.

So ähnlich wie die Schlümpfe. Die rennen auch immer dem mit dem Bart und der roten Mütze hinterher.

Würde es so eine Gattung geben, wäre es für deren Angehörige ja geradezu notwendig, »gut Oliver Kahn nachmachen« zu können. Und zwar besonders bei den zentralen Eigenschaften:
Bälle schnappen, Bälle wegschießen, Bälle wegschlagen und so ganz laut schreien.
Weniger bei den sekundären Eigenschaften wie »Interviewgeben«. »Interviewgeben« ist ja nicht mal im Original-Kahn angelegt gewesen. Das is ja alles nachträglich durch Bayern-München-Rhethorik-Seminare da reinimplementiert worden.
Würde es nun eine derartige schlumpfenähnliche Kahngattung geben und würde der erwähnte Komiker zu ebendieser Gattung gehören und aus diesem Grund Oliver Kahn imitieren in den primären Eigenschaften:
Bälle schnappen, Bälle wegschießen, Bälle wegschlagen und so ganz laut schreien, dann müsste man auf den Satz: »Der kann aber gut Oliver Kahn nachmachen« folgerichtig erwidern: Stimmt. Und das ist gut. Das ist die Natur in ihm. Er wird seinen Weg gehen.«
So 'ne Gattung gibt's aber nicht.
Hoffentlich.
Und darum – wirklich –, Oliver-Kahn-gut-nachmachen-Können, jetzt mal ehrlich, wertet das Gesamtbild von egal wem überhaupt nicht auf. Das macht eigentlich alles nur noch schlimmer …
Und an dem Punkt, muss ich sagen, sind dann meine Gesprächspartner meistens schon gegangen. Oder sie sagen: »Das is aber witzig, Oliver Kahn zu imitieren.«
Ja. Und da muss ich sagen: »Stimmt nicht. Es ist nicht witzig, Oliver Kahn zu imitieren.« Weil: Oliver Kahn, den gibt's ja schon. Der is ja so schon lustig genug.
Ein Mann, der seine beiden autobiographischen Werke »Nummer eins« und »Ich. Erfolg kommt von innen« nennt, bedarf

keiner parodistischen Überhöhung. Da kann man schon so lachen. Ähnliches gilt übrigens auch für: Lothar Matthäus, Franz Beckenbauer, Roland Koch, Dieter Bohlen, Günter Netzer, den Wendler, Horst Lichter, die Jacob Sisters, Stefan Mross, Ronald Pofalla und die Kanzlerin.
Lustig wär's, wenn man mal wen ganz anderes nachmacht.
Gerd Brackhagen.
Das ist der Bofrost-Mann meiner Eltern. Da würde kein Mensch mit rechnen. Den dann zehn Minuten imitieren, wie der das gefrorene Gemüse über die Hofeinfahrt trägt. Fänd ich lustig.
Oder wenn Oliver Kahn mal wen imitiert. Der ist ja jetzt Fußballexperte im ZDF. Und wenn der da mal so 'ne Rubrik einführen würde mit so Filmen, in denen er immer – was weiß ich – z.B. die Kanzlerin imitiert oder Franz Beckenbauer oder Oliver Pocher. Ganz ehrlich: »Nummer eins« und »Ich. Erfolg kommt von innen« hin oder her – das würde mir selbst den irgendwie sympathisch machen …

Drums

Es war mal ein Drummer aus Amsterdam,
der auf folgendem Weg zu 'nem Hamster kam:
Er sprach gerad' mit 'nem Truthahn,
als der Hamster dazukam
und mit ihm ein Gespräch über Drums begann.

Beschilderungen

Der nackte Greis und die Prostituierte verließen den Kleiderschrank nur sehr unwillig, aber Volker blieb hart: »Es ist mir vollkommen egal, wie viel Geld Sie dafür bezahlt haben«, entrüstete er sich, »aber solche Schweinereien haben hier in meinem Kleiderschrank, zwischen meinen Anzugsakkos und auf meinen Frotteehandtüchern nix verloren. Was machen Sie da überhaupt? Sie sind doch mindestens 80.«
Damit hatte er dem Mann ein Stichwort gegeben.
Sofort begann dieser eine lange Gardinenpredigt über die Selbstbestimmungsrechte älterer Mitbürger, auch und besonders in Bordellen, was Volker letztlich dazu veranlasste, dem Ganzen ein Ende zu setzen, indem er sich, vorbei an einer Unzahl von Dirnen, Zuhältern, Touristen, Drogendealern und Nackttänzerinnen aus seinem Schlafzimmer heraus durch den

Flur bis vor die Wohnungstür kämpfte und dort das Schild mit der Aufschrift »Reeperbahn« abnahm.
Das war nun wirklich 'ne Schnapsidee gewesen diesmal, sagte er sich selbst und beschloss, die Schilder in Zukunft etwas gewissenhafter zu beschriften.
Diese seltsame schöpferische Fähigkeit hatte Volker seit knapp drei Wochen. Wenn er etwas auf ein Schild oder Plakat schrieb, richtete sich die Realität nach dem Geschriebenen.
Aufgefallen war ihm das, als er für alle Nachbarn neue Klingelschilder angefertigt und diese versehentlich in der falschen Reihenfolge angebracht hatte. Seit jenem Tag wohnte er nicht mehr im Dach-, sondern im Erdgeschoss, was ihm an und für sich recht gut gefiel, hatte er doch auf diese Weise ein Stück Garten und eine Terrasse dazu gewonnen.
Generell dachte er eher praktisch.
Hehre idealistische Ziele lagen ihm fern.
Zwar sagte er sich manchmal auch: »Martin Luther hätte hier wahrscheinlich mehr draus gemacht.« Aber dann hängte er wieder nur ein Schild mit der Aufschrift »Gardasee heute hier« an sein Gartentor, weil er zu faul war, zum Schwimmbad zu laufen, oder schrieb »CSU-Klausurtagung Wildbad Kreuth« an seinen Abstellraum, nur um mal zu gucken, wie's aussieht, wenn Horst Seehofer auf einem Werkzeugkasten sitzt.
In jedem Fall nahm er sich erst mal eine Woche Urlaub.
Am Montag machte er den Marktplatz zum Phantasialand Brühl.
Am Dienstag hängte er in seiner Küche das Schild »Hier kocht der Chef« auf, um mal zu probieren, wie es schmeckt, wenn sein Vorgesetzter Kohlrouladen zubereitet.
Am Mittwoch pappte er einen gelben Klebezettel mit der Aufschrift »KANADA« an die Tür seiner Stammkneipe, was aber wohl wegen der Größenverhältnisse nicht funktionierte, womit

glücklicherweise erwiesen ist, dass auch eigenwillige metaphysische Fähigkeiten irgendwo ihre Grenzen haben.
Am Donnerstag kündigte er André Rieu als Vorgruppe der Band Slipknot in der benachbarten Commerzbankfiliale an, was zwar tumultartig, aber bis auf die Zerstörung der rieuschen Violine recht friedlich verlief.
Am Freitag ereignete sich die Panne mit dem Reeperbahnschild.
Und am Samstag wusste Volker nicht mehr, was er machen sollte. Irgendetwas fehlte ihm.
Deprimiert versuchte er, seine Stimmung über T-Shirts zu verbessern, die er mit Worten wie »zufrieden« oder »volle Kanone glücklich« bedruckte. Das klappte aber genauso wenig wie der KANADA-Versuch.
Schließlich nahm er sich einen Zettel, beschriftete diesen mit
»Großes Pils – 50 Cent«
und ging in eine Kneipe, um sich zu betrinken.
Dort traf er Marion und wusste augenblicklich, was ihm gefehlt hatte.
Das half ihm bei Marion aber nicht weiter.
Gelangweilt erklärte diese ihm, dass sie sich als Kellnerin nur bis Kneipenschluss mit Schwätzern und Bekloppten umgeben müsse und dass er zwar ganz nett sei, aber offensichtlich in beide Kategorien falle und insofern gerne morgen wiederkommen und bis Kneipenschluss hier bei ihr an der Theke lallen könne, sonst aber nix.
Volker nahm das Angebot an …
… und kam gleich am nächsten Tag wieder, diesmal mit einer ganzen Reihe von Plakaten, die er noch in der Nacht angefertigt hatte, um Marion zu beeindrucken.
So veränderte er in den nächsten Tagen den Hinterhofausblick der Kneipe in ein Alpenpanorama, ließ Tim Mälzer die Küche

übernehmen, vermietete den Saal des Lokals an die Kanzlerin zu deren 55. Geburtstag, gab Tim Mälzer an genau diesem Tag frei und stellte dafür den italienischen Staatspräsidenten ein, der ein T-Shirt tragen musste, auf dem in Druckbuchstaben »Pizzaglatze« stand, buchte für einen anderen Abend Robbie Williams und Madonna, die sich zugegebenermaßen etwas darüber wunderten, gemeinsam mit den Höhnern Karnevalhits wie »Da simmer dabei, dat is prima« zu singen, machte Marion kurzzeitig zum Staatsoberhaupt der Schweiz und wusste irgendwann auch nicht mehr weiter.

Der wirklich allerletzte verzweifelte Versuch, die Situation mit einem Schild zu manipulieren, auf dem »V + M = Love« stand, brachte Marion zwar zum Lachen, sonst aber nix, was wiederum beweist, dass die Liebe unabhängig ist von jeglichen Plakatierungen.

Irgendwann gab Volker auf …

… und setzte sich von der Theke weg an einen der hinteren Tische des Lokals, wo er fortan traurig guckte und mit den Höhnern Malefiz spielte.

Das tat Marion leid. Außerdem fühlte sie sich schon nach knapp drei Tagen einsam. Berlusconi war zwar die ganze Zeit über in ihrer Nähe, aber der sprach nur italienisch und war als Sympathieträger nun wirklich ein Totalausfall.

Versöhnlich wandte sie sich an Volker.

»Sag mal. Wieso lädst du mich eigentlich nicht einfach mal ins Kino ein?«

Volker – hocherfreut – nahm sofort einen Zettel und ’n Stift, aber Marion hielt seinen Arm fest. »Nee, nicht so. So ganz normal.«

»Ja. Aber es is jetzt 10 vor 8, wenn wir jetzt normal ins Kino gehen, dann sind wir zu spät dran. Popcorn ist alle. Wir kommen wahrscheinlich nicht mal in den Film rein, den wir sehen

wollen und wenn doch, dann sitzen wir ganz vorne und renken uns die Hälse aus.«
»Aber das isses ja gerade«, sagte Marion, »das macht doch so 'nen Abend überhaupt erst mal besonders … und … und eigentlich alles andere auch. Dass man nämlich nicht vorher alles aufschreibt und plakatiert und festlegt und so weiter, sondern dass man mit dem ganzen Scheiß, der ja sowieso immer passiert, irgendwie ganz gut gelaunt klarkommt.«
Und so legte Volker den Zettel weg, sie gingen zu Fuß zum Kino, kamen zu spät, Popcorn war alle, sie mussten in einen anderen Film, saßen ganz vorne und renkten sich die Hälse aus. Aber es war der schönste Abend, den beide je hatten – und wenn sie danach auch noch oft zusammen ins Kino gingen, über diesen Abend sprachen sie noch bei ihrer goldenen Hochzeit.
Und plakatiert wurde – das hatte Volker Marion versprochen – erst mal nix mehr.
D.h. mit Ausnahme eines noch ausstehenden Vergleichsexperiments, bei dem die Band Slipknot als Vorgruppe von André Rieu in der benachbarten Commerzbankfiliale …
Aber das hatte sie schließlich beide interessiert.

DAS HUHN IST TOT.

Äh, hört mal, Leute ...
... und das ganze Geld können wir behalten!
Und vielleicht sogar mal in die Stadt gehen.
LEUTE!
Vielleicht können wir sogar einen Fernseher haben?
Jetzt übertreib nicht direkt ...
Wisst ihr, Leute... Das Huhn ist nicht tot!
Es hat nur so getan, als ob ...
April, April!!!
Scheiße.
Ich geh schon mal die Körner kochen

Schrecken des Alltags – Teil 7: Terror

Terrorgefahr im ICE ♫

Jetzt sei doch mal ehrlich, Klaus.
Der Typ sieht gefährlich aus.
Der guckt schon so komisch.
Wer weiß, woran der gerade denkt.

Ich wollt ja mit'm Auto fahr'n,
aber du willst ja immer, immer mit der Bahn.
Und darum bist du auch Schuld,
wenn der uns und den Zug hier gleich sprengt.

Sie sind sicher Franzose?
Ach, aus dem Iran.
Das is ja auch 'ne Strecke …
… da jetzt bis Koblenz zu fahr'n
Ach, Sie wohnen in Duisburg …
… weil Sie da studier'n?
Elektrotechnik!

Und da bauen Sie so Maschinen?
Ach, das ist Maschinenbau.
Und Sie entwickeln Platinen …
So wie im Handy? Oder in 'ner Zeitschaltuhr?
Ich frag ja nur …

Und Ihre Frau bleibt in Duisburg?
Ach, Sie leben allein …

Woll'n Sie auch 'ne BiFi?
Ach, Sie essen kein Schwein.
Ja, wenn man's nicht mag.
Ach, so – Religion.
Nee, ich versteh das schon …

Jetzt sei doch mal ehrlich, Klaus.
Der Typ sieht gefährlich aus.
Der guckt auch so komisch,
ich ahn schon, was der gerade denkt.

Nee, Klaus, der ist mir total suspekt.
Nein, nich bloß, weil ihm meine BiFi nicht schmeckt.
Ich bin wirklich besorgt,
dass der uns und den Zug hier gleich sprengt.

Da!
Jetzt geht er zum Klo …
… und hat den Koffer dabei.
Klaus, der ist El Kaida.
Da hab ich jetzt keinerlei …
… Zweifel mehr. Gleich liegt der Zugverkehr …
… hier durch 'ne Sprengung brach …
… noch vor Andernach!

Aha. Jetzt kommt er zurück. Hat er den Koffer wieder mitgebracht. Klaus, der grinst. Der führt doch was im Schilde. Jetzt kommt er näher … Klaus, lass dir bloß nix anmerken …

Ob wir mal eben auf Ihren Koffer aufpassen können?
Äh … na ja …

Nein, das macht mein Mann gerne. Nich, Klaus? Guckse zwischendurch immer mal nach dem Koffer …
Ach, Sie wollen was essen gehen? Na, dann drücken wir Ihnen mal beide Daumen, dass da heute kein Schwein drin ist.

Klaus, jetzt guckt gerade keiner.
Mach den Koffer mal auf.
Was heißt hier Privatsphäre?
Mensch, wir gehen alle drauf!
Dann tu ich's halt selber.
Wie? Der Mann war ganz nett?
Spinnst du jetzt komplett?!?

Nee, Klaus, is nix drin.
Ja, nur Socken und so …
Und da drauf liegt 'n Zettel
geschrieben auf Klo-
papier mit 'nem Filzstift …

»Wer das liest, den spreng ich als Ersten.«

Jetzt hör auf zu lachen, Klaus.
Der Typ sah gefährlich aus.
Und der guckte auch komisch.
Na gut – vielleicht auch nich.

Ich wollt ja eh mit'm Auto fahr'n,
aber du willst ja immer, immer mit der Bahn.
Weil's so entspannend ist.
Ja – für dich.
Aber nicht – für mich.

Letten im Schatten

Im Schatten, da chatten die Letten mit Lappland
an Laptops im Schutze der Dunkelheit.
So chatten die Letten mit Lappen,
die ihrerseits Laptops benutzen zurzeit.

Die Lappen befragen die Letten, ob sie etwas hätten,
das Lumpen vom Laster befreit,
denn läppische Lumpen, die Lappen anpumpen,
die wär'n ein Problem da zurzeit.

Doch leider – all das, was die Letten so hätten,
ist bloß lahmes Gelaber aus läppischer Sicht,
das zwar sicherlich tauge zum Chatten im Schatten,
jedoch zur Lumpenläuterung nicht.

»Dann leckt uns, ihr Lappen!«, verlauten die Letten
und schalten die lettischen Laptops ab.
So endet im Schatten das Chatten der Letten
mit Laptops ins Nachbarland Lapp.

Die neue Linke

»Die Garantie erlischt, wenn Beanstandungen nicht vorher beim Kundenservice angegeben werden.« So stand es in der Bedienungsanleitung des Druckers. Und danach fettgedruckt: »Melden Sie bitte die beabsichtigte Inanspruchnahme von Garantieleistungen vorher an!« »Na gut«, dachte sich Michael und wählte die Nummer der Service-Hotline.

»Epson – Deutschland – Kundenservice, mein Name ist Jennifer Rusche, wie kann ich Ihnen helfen?«

»Ja, guten Tag. Ich rufe aus folgendem Grund bei Ihnen an: Ich habe Probleme mit meinem Drucker. D.h., das ist nicht ganz vollständig formuliert. Um ehrlich zu sein, habe ich momentan Probleme mit allen Elektrogeräten hier in meiner Wohnung. Die Probleme gehen aber von meinem Drucker aus. Beziehungsweise genauer gesagt vom Drucker und meiner Single-Fritteuse: Die beiden wiegeln die anderen Geräte gegen mich auf.«

Schweigen auf der anderen Seite.

Michael fuhr fort:

»Der Drucker hat mir vor ca. 14 Tagen geschrieben, dass er sich ab jetzt als Teil der Arbeiterklasse im revolutionären Widerstand gegen mich befinde und dann hat er so 'ne Art kommunistische Partei gegründet, der mittlerweile fast alle Geräte meiner Wohnung angehören, wobei man sagen muss: Mit der Fritteuse hat er wohl auch was privat. Jedenfalls hat die das mit der Ausbeutung jetzt voll von ihm übernommen und agitiert alles, was in der Küche rumsteht. Ich kann nicht mal mehr Kaffee kochen.

Und ansonsten ist hier wie gesagt seit Tagen die, ich sag's mal so direkt, Kacke am Dampfen. Nichts funktioniert mehr. Ich hab kein warmes Wasser, weil der Durchlauferhitzer sich dem

Pack angeschlossen hat, die Waschmaschine hat sich mit dem CD-Player und den Lampen abgesprochen, so dass nachts entweder immer das Licht an- und ausgeht oder Halligalli-Lautstärke ist wegen der Scheißmusik und andauernden Schleudergängen. Um ehrlich zu sein, lange halte ich das nicht mehr aus hier. Und da wollte ich halt mal bei Ihnen nachfragen, ob das ein Garantiefall sein könnte.«

Wiederum Schweigen.

»Ich meine, ich hab das Gerät ja nicht kaputt gemacht oder so. Dass ich da 'nen falschen Knopf gedrückt hätte oder 'n Glas Wasser reingeschüttet.

Drucken tut er übrigens auch nicht mehr. Also, d. h. schon, aber nur, wenn ihm danach ist. Und dann meist agitative Manifeste. Wissen Sie, ich hab mein Büro hier zu Hause, was soll ich denn meinen Kunden erzählen? Hallo?«

Aber da hatte die Dame vom Service schon aufgelegt.

Der Drucker ratterte und spuckte einen Zettel aus, auf dem stand:

»Wenn die Bourgeoisie nicht mehr weiterweiß, heult sie die Telefonhörer voll.« Dann die Nummer von Michaels Eltern und der Satz: »Ruf doch Mami auch noch an, du Petzhäschen!«

Michael seufzte und setzte sich in seinen Sessel, um ein bisschen zu dösen. Sofort begann die Waschmaschine wieder zu schleudern. Er dachte nach. Es war schlicht nicht möglich, das ganze Problem durch »Ausstöpseln« oder »Auf-den-Müll-Werfen« zu lösen. Schließlich wollte er den Drucker so nicht auch noch zu einem Märtyrer machen. »Sicherungausschalten« ging auch nicht. Das wäre ja, als würde man einen defekten Toaster durch Vergraben im Wald reparieren.

Michael seufzte erneut und ging erst mal auswärts essen, zumal sich auch der Herd weigerte, ihm eine Dose Ravioli zu erhitzen.

Danach betrank er sich mit Paderborner Dosenbier in einem Internetcafé, wo die Welt noch heile war. Dort stellte er mit Blick auf sein E-Mail-Postfach fest, dass der Drucker begonnen hatte, von Michaels Mailadresse aus PDF-Dateien mit aufrührerischem Inhalt an Fritteusenhersteller zu versenden.
Was auch immer da für ein Plan hinter steckte – Michael war sich sicher, dass das für ihn persönlich auf Dauer nicht von Vorteil sein würde, und beschloss nach ca. zehn Dosen Bier, es für heute Nacht zumindest einmal mit »Sicherungausschalten« zu versuchen. Dann wankte er nach Hause.
Dort fand er die Tür aufgebrochen und traf in seiner Wohnung einen maskierten Mann an, der da normalerweise nicht hingehörte. Dieser stellte sich ihm mit den Worten »Ein Laut und ich schlag dich tot« als Einbrecher vor und bedrohte ihn mit einer Pistole.
Michael war hocherfreut. Betrunken lallte er: »Schön Sie zu sehen. Wenn Sie sowieso schon meine Digitalkamera klauen, dann nehmen Sie doch direkt den Drucker da auch noch mit, dann können Sie sich Ihre neuen Schnappschüsse sofort auf Photopapier in eins a Qualität ausdrucken. Tintenpatrone is noch fast voll … Und, sagen Sie mal: Macht Einbrechen nicht total hungrig? Sie mögen doch bestimmt auch mal gerne Pommes Frites? Hm? Oder Kroketten? Oder 'ne leckere Frikandel? Dazu mal ein Tipp von mir für Sie: In der Küche habe ich noch 'ne Super-Fritteuse stehen. Die sollten Sie unbedingt auch noch mitnehmen. Geb ich Ihnen noch 'ne Packung Frittierfett dazu.«
Zwar wunderte sich der Einbrecher etwas über Michaels bereitwillige Kooperation, nahm aber die Fritteuse, den Drucker, den Toaster, den CD-Player und zwei Ersatz-USB-Kabel gerne mit und ging nach Hause.
Michael jedenfalls schlief ruhig wie nie. Zuvor hatte er noch im Flur mit einem Stapel Druckerpapier in der Hand eine Rede

gehalten zum Thema »Warum bleiben diese Blätter ab jetzt für immer weiß?« und so die Waschmaschine eingeschüchtert. Dann hatte er warm geduscht und den Ofen vorgeheizt, um den Herd zu ärgern.

Michael war wieder der Boss im Haus.

Das ging eine Woche so.

Dann wurde er wegen Gründung einer terroristischen Vereinigung von der Polizei in Untersuchungshaft genommen, weil ihn irgendein Fritteusenhersteller aus dem niedersächsischen Raum verklagt hatte.

Im Gefängnis traf Michael auch den Einbrecher wieder, der verknackt worden war, weil er begonnen hatte, agitierte Elektrokleingeräte in den Wohnungen bekannter deutscher Politiker anzuschließen. Der Drucker habe ihm den Auftrag dazu gegeben, sagte er, und der wäre so charismatisch gewesen, der Drucker, und dass er ja selber auch irgendwie Arbeiterklasse wäre und so …

Kurz darauf, am 30. Mai 2005, trat Oskar Lafontaine aus der SPD aus und gab bekannt, dass er nun für die Neue Linke in den Wahlkampf ziehen werde. Dann lud er Gregor Gysi zu Frikandeln mit frittiertem Gemüse und Pommes Frites ein.

Oft sind die Gründe für eine Veränderung in der Parteienlandschaft im Nachhinein nur noch sehr schwer nachzuvollziehen.

KANT HATTE GEGLAUBT, "DINGE AN SICH" SEIEN PRINZIPIELL UNERKENNBAR, BIS ZWEI DAVON AN SEINER WOHNUNGSTÜR SCHELLTEN ...

Alleinstehend

Was mir oft passiert in letzter Zeit, obwohl – passieren kann man eigentlich nicht sagen. Eher – was ich oft sehe in letzter Zeit, is so ein Sock. Sagt man so im Ruhrgebiet: ein Sock. Nich: eine Socke. Sag ich nie. Bei mir ist das sprachlich so drin. Mehrzahl: vier Socken. Einzahl: ein Sock. Linguistische Vorprägung. Kamma nix machen. Aber ich komm von 'ner Semantik ab. Was ich sagen wollte, ist: Ich sehe in letzter Zeit andauernd überall Socken. Also nicht jetzt so als Wahn oder so ... dass ich jetzt Hilfe bräuchte ... Nee! In der Innenstadt oder auch mal in Nebenstraßen. Seh ich in letzter Zeit andauernd Socken. Und zwar nie (!) in der Mehrzahl. Immer jeweils nur einen: ein Sock. Und nicht immer den gleichen. Immer unterschiedliche. So auf'm Parkplatz bei EDEKA oder ma in 'ner Fußgängerzone. Letzthin am Geldautomaten. Komm ich da hin, liegt da so 'n Sock.

Und ich überleg dann immer: Was macht der da?

Oder vor kurzem bin ich am Kino vorbeigekommen. Stand da so ein Schuh. Ganz alleine. Vor'm Eingang. So als ob er nicht reingekommen wäre.

Da frag ich immer: Wie kommt der dahin?

Ja. Probieren Sie das mal aus. Vielleicht mal auf'm Fußweg zur Bushaltestelle. Versuchen Sie mal, Ihren Schuh zu verlieren. Das kriegen Sie eventuell noch hin – je nach Modell, aber 'n Sock?!? Den können Sie nicht verlieren. Nicht mal bewusst. Da können Sie sich anstrengen, wie Sie wollen. So 'n Sock – der bleibt am Fuß. Den kann man nicht einfach so abschütteln.

Ich hab jetzt schon mal überlegt: Vielleicht liegt das auch am Klimawandel.

Dass das mit den Socken deswegen zugenommen hat. Ist doch vorstellbar. Dass jemand vielleicht beim Einkaufen in der In-

nenstadt plötzlich (!) auf einmal vom Klimawandel überrascht wird. Und es wird ihm so warm. Aber nur an einem Fuß …
Gut. Das klingt jetzt ’n kleines bisschen unplausibel.
Aber das wär doch zumindest mal ’ne Erklärung …
Weil – alles andere kann ich mir gar nicht vorstellen. Ich hab das die Tage mit ’nem Freund von mir besprochen. Der hat vorgeschlagen: ein einbeiniger Exhibitionist.
Wie sie ja zuhauf in meiner Heimatstadt herumlaufen, die einbeinigen Exhibitionisten.
So kann ich natürlich auch:
’n Pirat beim Landgang am Rhein-Herne-Kanal, der einen Seesack mit undichtem Reißverschluss hat und auf dem Weg zum Waschsalon seine gesamten maßgeschneiderten Holz-Einbeinsocken verliert … aber da ist ja der Boden der Realität nun nicht mehr so geebnet. Obwohl – ich kann mir schlicht nicht vorstellen, wie jemand so ’n Sock einfach so dahinlegt.
Wie jemand so am Geldautomaten vorfährt, aus dem Auto aussteigt, einen Sock ablegt und dann – schwupps – wieder wegfährt.
Ich meine, klar: Ich hab auch so Einzelexemplare in ’ner Schublade.
Aber ich setz die nicht aus.
Ich geb die in die Altkleidersammlung. Und das ist möglicherweise der Knackpunkt. Vielleicht nehmen die von der Altkleidersammlung seit ’ner gewissen Zeit nur noch komplette Paare mit. Kann doch sein … dass die die Einzelsocken schon am Sack aussortieren. Und da hab ich ’ne Idee gehabt. Bin ich nach Hause gefahren und hab einen von meinen Alleinstehenden geholt. So einen, der farblich gut mit dem am Geldautomaten harmoniert …
Und den hab ich einfach dazugelegt.
Ja. Und nach zwei Tagen waren beide Socken weg …

Und seitdem hab ich immer so 'n paar Einzelstücke von mir in 'ner Tasche dabei. Und wenn ich dann wieder so 'n Sock auf'm Parkplatz bei EDEKA sehe … guck ich mein Sortiment durch und leg einen daneben. Das macht sogar Spaß. Is so 'n bisschen wie Tetris.

Oder wie Memory. Auf größerem Raum halt. Weil, man muss sich schon merken, wo die entsprechenden Gegenstücke liegen. Dafür ist das Erfolgserlebnis aber umso größer, wenn man mal wieder 'n Pärchen zusammenhat.

Also – wenn Sie zu Hause auch noch so 'n Sock hätten, der ganz alleine ist. Legen Sie den ruhig in den nächsten Tagen mal auf 'n Parkplatz bei EDEKA oder am Geldautomaten ab. Vielleicht hab ich in meiner Kollektion auch was Passendes für Sie dabei …

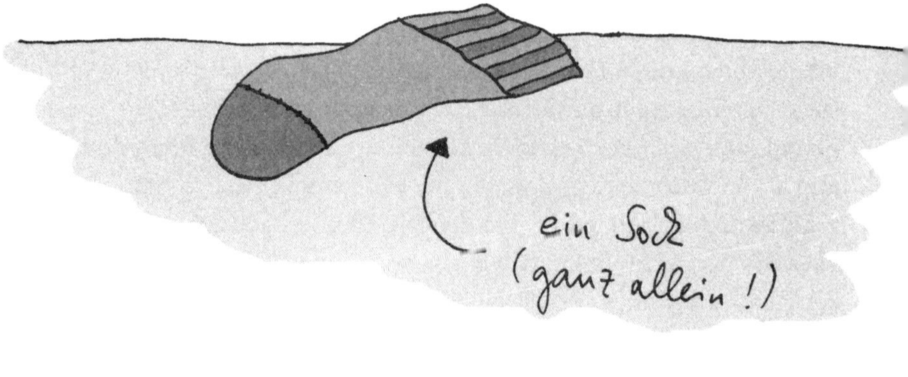

FEIGHEIT IST EINE MANDARINE, DIE EINE AUSGESTÖPSELTE SAFTPRESSE BESCHIMPFT.

Schrecken des Alltags – Teil 8: Individualisierung

Hier noch ein Erfahrungsbericht vom Treffen der Zugzwangindividualisten zum Zeppelinsurfen im Kleinwalsertal …

Zeppelinsurfen. Das ist ein Event. Muss irgendwer erfunden haben, dem beim Klippenspringen langweilig geworden ist. Das Fernsehen ist auch da. Um die Kamera herum stehen unzählige Personen. Gefilmt wird ein Typ in knallbunten Skiklamotten mit einer Aliensonnenbrille, der fortwährend irgendwas wie »WAHNSINN! WAHNSINN!« und »Huiiiiiiiiiiii!!!« oder so schreit. Von der Seite kommt noch einer. Der schreit auch. Also, alle die im Bild sind, schreien sowieso. Und tragen Aliensonnenbrillen und Skiklamotten. Im Hochsommer. Und schreien:

»AHHHHH! Wahnsinn!!! Huuuiiiiii. Geil. Geil. Paaaarty!!«

Wahrscheinlich um ihrer Begeisterung Ausdruck zu verleihen.

Und dann hängen sich alle an den Zeppelin dran. 450 Individualisten, alle an einem Zeppelin. Mit Fallschirmen. Alle bunt. Und schreien. »Paarty. Geil. Zeppelin!!«

Obwohl das ja schnell wieder out ist. Das geht ganz schnell. Also es kann sein, dass, wenn der Zeppelin auf Höhe 50 Meter ist, dass das dann schon wieder out ist.

Sagt auch der Skinhead neben mir, der im Übrigen in keinster Weise politisch ist, sondern Individualskinhead, d.h., rechtsextrem ist der gar nicht. Kein bisschen. Der hat nur was gegen Karotten – und Haare hat er auch.

Und er trägt ein Abendkleid.
Und der erklärt mir, dass das ja schon lange wieder out ist. Zeppelinsurfen. OUT. Macht doch kein Mensch mehr. Vollkommen passé. Individualnahrung, das wäre im Kommen. Er selbst wäre ja jetzt auch Kamasutra-Veganer. D.h., er hat Geschlechtsverkehr …
Denk ich: »Mit Gemüse??«
Nein! Aber in indischen Hallenbädern. Und dabei würde er versuchen, ausschließlich an Gemüse zu denken. Wegen der Naturverbundenheit. »Kamasutra-Veganer? Die sind doch völlig out«, höre ich da eine Stimme aus dem Berg Skiklamotten neben mir. »SEIT MONATEN.« Ein junger Mann in einer Art Feenkostüm stimmt dem zu. Er selbst wäre ja Kamasutra-Veganer gewesen, aber das wäre ihm jetzt schlicht zu einfallslos. Viel zu einfallslos. Er wäre jetzt Faschingsveganer und Tugendethiker. Und deswegen wäre er jetzt auch fortwährend, das ganze Jahr über, als Cinderella verkleidet und hätte sich die vier Kardinaltugenden in seine linke Kniekehle einbrennen lassen. Weil da noch Platz war.
Und Tiere, die würde er nicht nur nicht mehr essen, die würde er nicht mal mehr angucken, geschweige denn grüßen. Und selbst wenn sich Milchprodukte nur so ganz aus der Entfernung im Supermarkt andeuten würden, würde er sich auf dem Fuß umdrehen und gehen. So würde das aussehen. Und das Kamasutra-Veganertum wäre für ihn persönlich schon seit langem Geschichte.
»Ja, richtig!!«, sagt da ein dicker Kerl mit Aliensonnenbrille. Aber er könne sich auch mit dem Faschingsveganertum nicht so richtig anfreunden, zumal er seit geraumer Zeit überzeugter Selbstfindungsfleischer sei. Suche dich selbst im Schwein! Das wäre heute die Devise. Alles andere wäre entweder der falsche Weg oder uniformes Nachäffertum.

Als er beginnt, ein selbstverfasstes Gedicht über die Philosophie der Schweinemast aufzusagen, gehe ich. Im Vorbeigehen schreie ich testweise irgendwas in eine Kamera. Macht mir aber nicht so richtig Spaß. Manchmal gibt's nichts Individuelleres als den Versuch, irgendwie normal zu bleiben.

Selbstgespräche

Ich sprech ja an sich kaum mit mir selbst. Nee klar, gut, wenn ich morgens aufstehe und ich komm nicht aus'm Bett, dann hab ich auch schon mal zu mir selbst gesagt: »So, Reuter, und jetzt raffst du dich mal langsam auf. Und dann aber – zackzack-zack – unter die Dusche.«
Das ist aber weniger ein Selbstgespräch. Das ist mehr so die Stimme der Vernunft, die da spricht. Die hat bei mir grundsätzlich immer so 'nen militärischen Befehlston. Ich hab ja eigentlich überhaupt keine Tendenz zum Militanten. Aber ich bin so faul.
Da muss die Vernunft mit einer größeren Vehemenz arbeiten. Ich fänd's auch beunruhigend, wenn das anders wäre.
Wenn die Stimme der Vernunft mehr so 'nen – wie sagt man – Schmusekurs fahren würde. Das gibt's bestimmt bei Leuten. Bei denen klingt dann das Über-Ich wie so 'ne Kindergärtnerin im Waldorf-Kinderhort.

»Hallo, hm, huhuuu! Jürgen, du, ich weiß, das Bett ist kuschelwarm, aber meinst du nicht auch, wir sollten mal ins Badezimmer gehen? Wie sieht der Ministerpräsident denn sonst aus, wenn er seine Zähnchen nicht geputzt hat?«
Fürchterlich.
Oder – noch schlimmer. So Typen, die gar keine Grundbegabung zur Selbstkritik haben. Bei denen die Stimme der Vernunft irgendwann durch permanentes Eigenlob ersetzt wurde. Das gibt's z.B. oft bei Männern, die ihren Job selber als Führungsposition bezeichnen.
Klingt dann in etwa so:
»Du warst noch nie so gut, Kai-Uwe. Wieder einmal selbst übertroffen. Mega-Aktion. Absolute Weltklasse. Ganz großes Kino. Thunder and Lightning. Der Hammer. Rock 'n' Roll at it's very best. Over the top. Das wird's nach dir nie wieder geben. Für Entlassungen hast du einfach 'n Händchen.«
Uahhhh. Da läuft's einem kalt den Rücken runter.
Und so fahren die z.B. auch Auto.
»Weg da von der Straße, mein kleiner Freund. Der Kai-Uwe und sein Jeep, die wollen jetzt hier durch.« Und dann das ganze Programm: Nah auffahren, auf der linken Spur links blinken. Lichthupe. Das muss mir sowieso mal einer erklären, was da für 'ne Theorie hinter steckt. Hinter diesem ganzen Lichtgehupe. Vielleicht dass man den Wagen vor sich mit dem Fernlicht weglasern kann oder sowas … wie der Augenarzt. Oder wie bei »Krieg der Sterne«.
Obwohl. Ich muss offen zugeben. So 'n bisschen was in der Richtung hab ich auch mitgekriegt. Wenn ich z.B. rückwärts einparke, dann kommt es in sehr seltenen Fällen vor, dass ich durch Zufall oder die feinmotorische Zauberkunst meiner Arme sofort richtig in der Parklücke stehe. Und da hab ich auch schon mal zu mir gesagt: »Gut.«

»Eins a geparkt.«
Und dann hab ich mir ’n Eis gekauft.
Aber das muss auch drin sein. Dass man mal so ’n kleines bisschen nett ist zu sich selbst. Solang’s im Rahmen bleibt.
Und genauso ist es ja auch mit Selbstgesprächen. Gelegentliche Gespräche mit sich selbst, hab ich gelesen, sind gut für die so genannte Psychohygiene.
Gerade beim Autofahren spreche ich oft mit mir selbst. Beziehungsweise spreche ich nicht so richtig mit mir selbst, sondern mehr für mich alleine, aber schon mit anderen Verkehrsteilnehmern, die mich jedoch nicht hören können. Dann sag ich so was wie:
»Hier is rechts vor links, du Arschloch.«
Ich finde ja immer, wenn man schon Arschloch sagt, kann man sich eigentlich direkt auch duzen.
Oft sing ich auch. Selbst erfundene Melodien zu straßenverkehrsspezifischen Themen und aktuellen Situationen:
»Ja, super, Oppa, genau da musst du parken. Mitten auffer Straße. Nee. Blinker brauchst du nicht. Wozu auch? Jawoll – reiß noch die Tür auf.
Hau’se mir in die Karre.
Ach. Jetzt fährsse einfach weiter.
Nee, ich hab ja hier ’ne Bremse.
Hasse dich im Haus geirrt? Das kommt im Alter schon mal vor.
Aber Autofahren kannze noch. Aber Autofahren kannze.
Gib den Lappen ab, Oppa, gib den Lappen ab, gib den Lappen ab, Oppa, gib den …«
Das kann ich stundenlang. Mach ich auch.
Ich hab mir das richtig angewöhnt: Immer, wenn ich im Straßenverkehr bin.
Jetzt muss ich allerdings dazu sagen, dass ich seit geraumer Zeit aus Fitnessgründen mit dem Fahrrad zur Arbeit fahre.

Und man baut ja so Gewohnheiten nicht unbedingt sofort auf einen Schlag ab.
Auf diese Weise hab ich etwas ganz Neues kennen gelernt: Gespräche mit anderen Menschen, die aus Selbstgesprächen resultieren:
»Was heißt'n hier Oppa. Ich bin 58.«
»Ja. Entschuldigen Sie bitte, das sagt man schon mal so. Und Sie stehen hier wirklich etwas ungünstig.«
»Ich hole meine Frau ab. Meine Frau ist frisch hüftoperiert und darf nicht so weit laufen. Sagen Sie, haben Sie mich da gerade beschimpft?«
»Nein. Natürlich nicht. Gut, und wenn Ihre Frau krank is, dann hab ich natürlich vollstes Verst …«
»Und warum haben Sie mich eigentlich gerade immer geduzt?«
»Ja. Ich sag immer, wenn man schon Arschloch sagt, kann man sich eigentlich auch duzen. Oh …«
Beleidigungsklage – ca. 400 Euro.
Ging aber noch. Weit schlimmer entwickelte sich folgendes Gespräch, bei dem ich zunächst einmal mit einem Lied auf den Lippen nach Hause fuhr:
»So 'n Scheißbulle, fährt selbst wie die gesengte Sau. So 'n Scheißbulle – is wahrscheinlich selber blau …«
»Sagen Sie mal, was haben Sie da gerade gesungen?«
»Ich. Nix. Nur so …
… so Radfahrerlieder. Rock, Pop und alles. Reggae … ›Could you be loved and be loved‹.«
»Ich glaube, Sie haben da was ganz anderes gesungen.«
»Ich, nööö. Das war'n nur die Beatles. In ›Penny Lane there is a barber …‹«
»Und was heißt eigentlich ›selber blau‹ – haben Sie was getrunken?«

»Nur Schweppes.«
»Na, dann können Sie ja auch mal pusten.«
Hierzu mal ein Tipp: Wenn man auf dem Fahrrad mit mehr als 1,8 Promille erwischt wird, muss man seinen Autoführerschein auch abgeben. Wenn man dann wieder aufs Fahrrad steigt, um weiterzufahren, und dabei singt: »Hinter jeder Bullenstirn gibt's massig Platz und gar kein Hirn«, verbringt man den Rest der Nacht in einer zur Ausnüchterung vorgesehenen Zelle.
Und wenn man da morgens wach wird und dann in die Gesichter der Beamten guckt, drängt sich einem folgende Erkenntnis geradezu auf: »Selbstgespräche sind für die Psychohygiene o.k.«
Aber nur dann, wenn man wirklich ganz alleine ist.

Hilfen fürs Leben zum Ausschneiden – Teil 2:

Sudoku-Rätsel-Hilfe

Alle Zahlen von 1 bis 9:

1, 2, 3, 4, 5, 6, 7, 8, 9

Schrecken des Alltags – Teil 9: Internetauktionen

eBay-Wahn ♫

Das Erste, was Hannah ersteigerte,
war damals ein blauer VW-Bus
für nur 50 Mark und mit kleinen Defekten,
mit dem Gerd jetzt raus in den Schnee muss,
wenn sie an Weihnachten was ersteigert
und der Verkäufer wohnt ziemlich weit weg,
muss er's abholen fahren, um Porto zu sparen,
und Widerstand hätte da gar keinen Zweck …

denn sie steigert so gerne im Internet –
und neulich hat Hannah ein Schwein gekauft
mit 'nem Trog und 'nem Stall für 10 Euro im Set,
bloß – bau'n Sie mal so 'n Ding in 'ner Wohnung auf.
Weil – 50 Quadratmeter sind für ein Schwein
und 'n Stall halt nicht ganz so viel Platz
und die Betonmischmaschine war ja auch nicht gerad' klein,
doch wenn Gerd sie darauf hinweist, sagt Hannah nur:

»Schatz, das war alles so preiswert
und bei 3 – 2 – 1- klick – da war's meins.
Und jetzt red bitte hier nicht so 'n Scheiß, Gerd,
von wegen der Kosten fürs Futter des Schweins,
denn das weiß man doch:
Die fressen fast alles, was wir sonst kompostieren –

also mach dir nichts draus, schau: Die Sonne kommt raus
und wir geh'n jetzt mit Piggy spazieren.«

Das Nächste, was Hannah ersteigerte,
war 'ne Herde von 200 Schafen,
die Gerd alle einzeln von Haltern nach Köln fuhr,
wo sie bei den beiden jetzt schlafen:
direkt auf der Wiese vor'm Haus neben dem U-Boot,
das Hannah so preisgünstig schien,
und Gerd sitzt als Hirte dabei und verwirrte
Passanten und Nachbarn beobachten ihn …

Doch sie steigert weiter im Internet –
und neulich hat Hannah ein Schwein gekauft.
Noch ein zweites – spottbillig – das schläft in
    Gerds Bett,
während der sich im Garten die Haare rauft,
weil 'ne Nacht in 'nem U-Boot mit 200 Schafen –
das is halt kein rechter Ersatz
für ein Bett ohne Schwein und mit Decke und Kissen,
doch wenn Gerd sie darauf hinweist sagt Hannah nur:

»Schatz, das war alles so preiswert
und bei 3 – 2 – 1 – klick – da war's meins.
Und jetzt red nicht schon wieder so 'n Scheiß, Gerd.
Ich finde zwei Schweine besser als eins,
denn das weiß man doch:
So ein Schwein braucht Gesellschaft,
sonst kriegt es Depressionen –
also mach' dir nix draus, schau: Die Sonne kommt raus
und da kann man doch draußen gut wohnen.«

Das Letzte, was Hannah ersteigerte,
das war der Sprungturm vom Freibad.
Und auf dem sitzt Gerd jetzt oft rum,
wenn die Schafe schlafen und er frei hat.
Und er wählt sich mit seinem Mobiltelefon
und 'nem Laptop ins Internet ein
und dann stellt er sich selbst bei 'ner eBay-Auktion
als Verkaufsobjekt zum Ersteigern da rein ...

Und Gerd wird versteigert im Internet
und neulich – da hat ihn ein Schwein gekauft.
So ein Typ namens Heinz mit 'ner Bar in Lloret
de Mar und da tritt Gerd jetzt als Tänzer auf –
in 'nem Seemannskostüm bestehend nur aus 'ner Mütze
und 'nem Slip mit 'nem goldenen Latz –
aber er is' weg von den Schafen und das findet er spitze
und wenn Hannah mal anruft, sagt Gerd ihr nur:

»Schatz, ich war halt so preiswert
und bei 3 – 2 – 1 – klick war ich seins.
Und wenn sie sagt: »Hör doch auf mit dem Scheiß, Gerd«,
sagt er ihr: »Das geht nicht, denn ich gehör Heinz.
Und das weißt du doch: Nur der, der am Ende
am meisten bietet, hat Glück.

Also mach dir nix draus,
vielleicht schmeißt Heinz mich mal raus
und dann kaufst du mich eben zurück.«

Herr Förster beim Poetry Slam ♫

»Wenn man hier selber was vorträgt, gibt's Getränke
für lau«,
sagt die Frau an der Theke und Herr Förster denkt:
»Jawoll!
Freibier für Gedichte und bei 'nem Sieg auch noch Schabau.
Ganz egal, wie's heute läuft, ich bin in jedem Fall voll.«

Fünf Loblieder hat er – alle auf Frauen,
die man aus ZDF-Mehrteilern kennt,
und außerdem hat er auch mehr Selbstvertrauen
als irgendein schriftstellerisches Talent.

Und so trinkt er zufrieden seine Gratis-Flasche Bier,
während der Poetry Slam beginnt,
im besten Bewusstsein, dass er heute hier
mit der größten Wahrscheinlichkeit auch alles gewinnt:

Wenn die 5 jetzt hier 'ne 6 wär
und die 7 wär 'ne 8.
So zähl'n sie sich da mühsam,
aber munter durch die Schlacht.
Und dann wird 'ne 3 gestrichen.
Und dann gibt's die erste 10
und die letzten beiden Texte
konnte keine Sau verstehen.
Egal. Wir ham ja Humor.
Und ich will noch nicht nach Hause …
denn zu Hause liest mir keiner vor.

Herr Förster wird direkt als Zweiter gelost.
Eine »Geli45« aus Soest macht den Start
mit dem Poem »Die Vernichtung seines Hundes schenkt mir Trost«
aus dem Zyklus »Meine Scheidung von Eberhard«.

»Ach du Schreck«, denkt Herr Förster und bestellt sein viertes Becks,
dann hat er selber sechs Minuten und beginnt mit dem Gedicht
»Oh! Ihr Schauspielkünste Ruth Maria Kubitscheks«,
das er zwar halb besoffen, aber auswendig spricht.

Dafür kriegt er 20 Punkte, wenn's auch manchen irritiert,
im Vergleich zu Geli ist es eine Steigerung,
wobei Herrn Förster von der Jury wohl auch gutgeschrieben wird,
dass er zum einen schon blau ist und zum andern nicht mehr jung.

Wenn die 5 jetzt hier 'ne 6 wär
und die 7 wär 'ne 8.
So zähl'n sie sich da mühsam,
aber munter durch die Schlacht.
Und dann wird 'ne 3 gestrichen.
Und dann gibt's die erste 10
und die letzten beiden Texte
konnte keine Sau verstehen.
Egal. Wir ham ja Humor.
Und ich will noch nicht nach Hause …
denn zu Hause liest mir keiner vor.

Danach betritt die Bühne ein Fisch, der laut schreit
und die volle Zeit irgendwas improvisiert,
von den Fesseln der Syntax und Semantik befreit,
wobei er auch Försters Gedicht kritisiert.

Das Ganze kommt beim Publikum gar nicht so schlecht an
und der Fisch kriegt 25 Punkte dafür.
Herr Förster schreit: »Schiebung!« und »Mach mich
nicht an!«,
und bestellt sich vor Wut noch ein weiteres Bier.

Insgesamt reichen für Herrn Förster dann die 20,
bloß Geli45 schafft es nicht bis Runde 2.
Sie rennt wutschnaubend raus und mancher Tierfreund
entspannt sich.
Zum Glück hat auch heut keiner hier 'nen Hund
mit dabei.

Wenn die 5 jetzt hier 'ne 6 wär …

In der zweiten Runde sind dann Herr Förster, der Fisch
und ein Mike,
der – wie Herr Förster findet – völlig blöde Kurz-
geschichten liest,
jetzt aber was macht mit dem Titel »Mein Streik«,
wobei er sechs Minuten schweigt und sich mit Cola
übergießt.

Die Jury gibt ihm dafür 15 Punkte insgesamt.
Der Fisch schreit: »Keine Props!«, und Herr Förster
schreit das auch.

Er weiß zwar nicht, was »Props« sind, aber ehrlich,
verdammt,
er hat die Wut und wenigstens zehn Becks im Bauch.
Ein elftes nimmt er sich zum Mikrofon mit
und macht die »Ode an Thekla Carola Wied«,
seinen erklärtermaßen allergrößten Hit,
was das Publikum allerdings ganz anders sieht.

Irgendwer schreit: »Buh!« und »Der Alte deliriert!«
und »Stoppt ihn, bevor er auch noch Uschi Glas besingt!«
Na, und dann ist er fertig und kaum einer applaudiert,
was Herrn Förster nur noch zusätzlich in Rage bringt.

Er hat noch drei Minuten übrig und die nutzt er dazu,
der Jury klarzumachen, was er von ihr so denkt.
Er ruft: »Ihr scheißmodernen Spießer wählt doch
alle CDU!«
Und »Von solchen Affen will ich nicht mal Punkte
geschenkt!«

Dann zeigt er allen seinen nackten Hintern und schreit:
»Ich kündige den Generationenvertrag!«
»Mein Werk ist für euch Hirntote gedanklich zu weit.«
Und: »Wer jetzt hier nochmal ›Buh!‹ schreit, den treffe
der Schlag!«
... und dann kriegt er ne 10
... und noch mal ne 10
... und noch mal ne 10
... und ne 8 und ne 9
... und zieht ein bisschen verwundert, aber so weit ganz
zufrieden
mit ’nem Becks in der Hand ins Finale ein.

Das gewinnt er zwar nicht, weil er letzten Endes dann ja sein Uschi-Glas-Loblied doch noch zum Vortrag bringt, doch das ist ihm scheißegal, denn er kriegt er ein Glas Champagner ab
und dann nimmt er den Fisch in den Arm und singt:

Wenn die 5 jetzt hier 'ne 6 wär
und die 7 wär 'ne 8.
So zähl'n sie sich da mühsam,
aber munter durch die Schlacht.
Und dann wird 'ne 3 gestrichen.
Und dann gibt's die erste 10
und die letzten beiden Texte
konnte keine Sau verstehen.
Egal. Wir ham ja Humor.
Und ich will noch nicht nach Hause …
denn zu Hause liest mir keiner vor.

STAR WARS – DVD-BONUS
UNVERÖFFENTLICHTE SZENEN VOM
MOS-EISLEY-RAUMHAFEN

Der seelenkranke Thun

Ein Thunfisch liegt im Algenraum.
Die Algen interessier'n ihn kaum.
Er hat 'ne Depression.

Seine Gefühle nicht im Griff,
apathisch liegt er dort im Riff,
und das seit Stunden schon.

Und klagt zum Grund: »Tagein, tagaus
weich ich des Fischers Netzen aus.
Ist das des Lebens Sinn?«

»Oh, Herr des Meeres, sage mir,
was kann ich armer Thun dafür,
dass ich so lecker bin?«

Schrecken des Alltags – Teil 10: Nichtwähler

Karl, der einzige Nichtwähler von Patthausen am Rhein ♫

»Patt« herrscht in der Stadt,
die auch das »Patt« im Namen hat,
denn in Patthausen am Rhein
gibt's seit 30 Jahren keinen
richtigen Bürgermeister mehr
und der Grund dafür ist der,
dass genau die Hälfte der Bürger CDU wählt,
während genau die andere Hälfte SPD wählt.
Alle anderen Parteien treten seit Jahren nicht mehr an,
so dass auch 'ne Koalitionsregierung nichts verändern kann.
Und nur einen gibt's,
von dem man sich erzählt,
dass er jedes Mal im Wahllokal nur Bier trinkt und
nicht wählt:

Das ist Karl, der einzige Nichtwähler von Patthausen
am Rhein,
und was der macht, ist alles andere als im Sinne der Parteien.

Denn wenn alle gleich wähl'n und nur einer nicht,
gewinnt dessen Stimme dadurch deutlich an Gewicht.
Die Folgen davon sieht man dann
besonders auch dem Wahlkampf an,

denn alle Reden und Plakate richten sich an diesen Mann:
»Du, Karl, ich sprech dich hier heut mal direkt an,
schau dir doch mal unseren Wahlprospekt an.
Du wirst seh'n, die CDU denkt in vielem so wie du,
und wenn nicht, dann schreiben wir gern auch noch 'n
paar Sätze dazu.
Nee, Karl, komm zur SPD, guck mal: Bei uns gibt's vor
den Wahlen
Luftballons und Biergläser mit deinen Initialen.«

Aber Karl, der einzige Nichtwähler von Patthausen
am Rhein,
sagte »Nö« und das war wirklich nicht im Sinne der
Parteien.

Nächster Versuch: Korruption.

»Karl, pass auf, ich zahl ...
dir für die Wahl beim nächsten Mal
2500 dafür,
dass du nur gaaanz kurz dein Bier
einmal stehen lässt und dann
kreuzte mich auf'm Zettel an.«
So sprach den Karl der Kandidat der CDU an,
doch auch der Chef der SPD bot ihm das Du an
und sagte: »Karl, alter Genosse, wähl beim nächsten Mal
mal mich,
dafür gibt's bar auf die Flosse auch zwei Tausender
für dich.«
Und er nahm das Geld von beiden
und gab's dem Schulförderverein.

Und bei der Wahl – wie jedes Mal – da sah man alle …
bis auf einen
nämlich Karl, den einzigen Nichtwähler von Patthausen
am Rhein –
und was der macht, ist alles andere als im Sinne der Parteien.

Doch zur Kommunalwahl im übernächsten Jahr
gab's 'ne Veränderung, die schwer entscheidend war.
Gelangweilt rechnete man schon
mit der nächsten großen Koalition,
da machte Karl 'nen eigenen Vorschlag zur Gesamtsituation.
Er sagte: »Diesmal wähl ich mit und ich kreuz den an,
bei dem man wirklich klar und deutlich seh'n kann,
dass nicht bloß Eitelkeit ihn treibt,
dass er was sagt und dabei bleibt,
dass er tatsächlich alles macht, was er in Wahlkampfreden
schreibt.
Kurz – ich wähl den, der nicht bloß irgendwas erzählt,
sondern den, der vor der Wahl die meisten Wahl-
versprechen hält.«

So sprach Karl, der einzige Nichtwähler von Patthausen
am Rhein
(und das war wirklich alles andere als im Sinne der Parteien).

Seit diesem Tag gibt's in der Stadt,
die das »Patt« im Namen hat,
nicht mehr so 'n Wahlkampf, wie man ihn
kennt aus Bottrop und Berlin,
keinerlei Parteienstreit,
stattdessen Dauertätigkeit:
»Guck ma, Karl, wir renovier'n das Schwimmbad.

Der SPD-Chef sammelt bloß den Müll vom Trimmpfad.
Und die ganze letzte Woche ham wir Ommas zugehört
und für Migranten ham wir jetzt nen Kurs in Photoshop
und Word.«
Und Karl führt Buch, notiert alles und zählt
und entscheidet erst am Wahltag, wen er letzten
Endes wählt.

So gibt's dank Karl, dem einzigen Wechselwähler von
Patthausen am Rhein,
nirgendwo in Deutschland 'nen aktiv'ren Ortsverein.

… und zum Abschluss ein Stück Zeitgeschichte aus dem 21. Jahrhundert

Der Streik des Papiers

Papier ist geduldig – ohne Frage, das stimmt
und es is für den menschlichen Geist
ein Ort für Ideen, Phantasie und Rezepte,
Wissenschaft, Comics und Rentenkonzepte …
und damit kommt es auch klar
und es ist wirklich sehr selten,
dass dem Papier mal der Geduldsfaden reißt.

Jedoch – im Jahre 2003,
da kam es zum Schluss der Geduld
mit der Folge, dass sich das Papier nicht mehr zeigte
und irgendwo über längere Zeit streikte.
Für die Forschung liegt längst
der Grund auf der Hand.
Man sagt, ein Mann namens Bohlen war schuld.

Allerdings – hier streiten sich die Experten:
Es gibt auch Anhaltspunkte dafür,
dass das Buch eines ehemaligen Tennis-Spielers
und unfreiwilligen Samen-Dealers
und die Monographie einer
Frau namens Naddel
schuld war'n am Streik des Papiers.

Wie auch immer, es streikte – und zwar sehr konsequent:
Nicht nur Zeitungsregale blieben leer,
nein, auch Klopapierrollen und Taschentücher,
Milchpackungen, Malblöcke, Telefonbücher,
auch Zigarettenblättchen und Kaffeefilter
gab es auf einmal nicht mehr.

Die Auswirkungen davon war'n wirklich verheerend.
Man fand einfach keinen Ersatz.
Und so beschlossen die Menschen nach wenigen Tagen,
das Papier mal nach seinen Forderungen zu fragen.
Die Verwunderung war groß,
denn es wollte kein Geld
und die Antwort war nur dieser Satz:

»Nehmt Spinnern und Sportlern die Bleistifte weg,
es muss doch nun wirklich nicht sein,
dass alle zwei Wochen irgendwer was enthüllt
und irgendwas auspackt in BUNTE und BILD,
und wenn dieser Bohlen
noch ein weiteres Buch schreiben will,
seid doch bitte so nett und sagt nein!«

Nun, man erfüllte die Forderungen – das Papier kam
zurück
und kurzzeitig lief auch alles glatt,
doch dann streikten auf einmal die Radios und Fernseher,
Teleprompter, DVD- und CD-Player,
ermutigt durch den erfolgreichen
Streik des Papiers,
aber das steht auf 'nem anderen Blatt …

INTERVIEW

HI!
UND WILLKOMMEN ZUR RTL-II-REPORTAGE "NERVENKITZEL IN KÖLN-HÜRTH". ICH BIN HIER LIVE BEIM BIG-BROTHER-CASTING FÜR DIE 10. STAFFEL UND ES IST SUUUUPERSPANNEND. HEUTE STELLT SICH DIE ENTSCHEIDENDE FRAGE: "WER MACHT DAS RENNEN?"
RTL II Casting

ALS ERSTES HABE ICH HIER DIE JEANETTE – EINZELHANDELSKAUFFRAU AUS MÜLHEIM. HI JEANETTE!
HI-I!

JEANETTE IST UNTER DEN 30 FAVORITEN FÜR EINEN DER BEGEHRTEN CONTAINER-PLÄTZE UND DA FRAGEN WIR UNS NATÜRLICH: "JEANETTE – WIE HAST DU DAS GEMACHT?"
HA, HA …
JEANETTE, WIE HAST DU DAS GEMACHT?
JA, ALSO ERST MAL FINDE ICH DIESES BACK-TO-BASICS-KONZEPT HIER NATÜRLICH TOTAL KLASSE UND HABE SCHON IMMER DAVON GETRÄUMT, SO EINE TOLLE NEUE ERFAHRUNG ZU MACHEN UND TOLLE NEUE LEUTE KENNEN ZU LERNEN. UND DANN HABE ICH NATÜRLICH DARAUF GEACHTET, DASS ICH TOTAL NATÜRLICH RÜBERKOMME UND SO …
… AUSSERDEM WAR ICH WOHL INTERESSANT, WEIL ICH SIEBEN JAHRE ALS EREMITIN IN DEN BERGEN GELEBT HABE UND AUF DER KELTISCHEN HARFE ALLE SCHOPENHAUER-TEXTE IN RONDOFORM VORTRAGEN KANN. UND ICH VERSTEHE DIE SPRACHE DER TIERE.

EHRLICH?!?
NEIN.
BITTE?
NEIN. ICH HABE GELOGEN. UM EHRLICH ZU SEIN, KANN ICH MIR NICHTS SCHLIMMERES VORSTELLEN ALS AUCH NUR EIN MIKROSKOPISCH KLEINER BESTANDTEIL DIESER SCHLECHTEN PARODIE AUF FERNSEHUNTERHALTUNG HIER ZU WERDEN ...
ÄHH?
... ABER DA EUER SENDER JA NICHT GERADE DAFÜR BEKANNT IST, INFOR-MATIONEN GEWISSENHAFT NACHZUPRÜFEN, WAR ES MIR OHNE PROBLEME MÖGLICH, MICH BIS UNTER DIE ERSTEN 30 BEWERBER HOCHZUSCHLEIMEN, INDEM ICH EINFACH ÜBERALL DEN GLEICHEN UNFUG ERZÄHLT HABE WIE DIR GERADE, GEPAART MIT DEM ANDAUERNDEN HINWEIS DARAUF, WIE ANREGEND ICH GESCHLECHTSVERKEHR IN EURER KNASTDUSCHE FÄNDE ...

... WAS NATÜRLICH EINE LÜGE IST, ZUMAL ICH NICHT IM GERINGSTEN BEABSICHTIGE, AUCH NUR EINEN ZEH IN EUREN BEKLOPPTENBUNKER HINEINZU-SETZEN, WEIL ICH ES NIEMALS IN KAUF NEHMEN WÜRDE, MEINE PERSÖNLICHE FREIHEIT GEGEN DIE BLÖDSINNIGEN PÄDAGOGI-SIERUNGSMASSNAHMEN EURER OBERLEHRERHAFTEN MODERATORENKINDERGÄRTNER EINZUTAUSCHEN.
ABER TROTZDEM BLEIBE ICH JETZT NOCH EIN BISSCHEN HIER, VERDAUE EURE KOSTENLOSEN LEBENSMITTEL UND PROBIERE AUS, OB ICH MIT MEINER GESCHICHTE UNTER DIE ERSTEN ZWÖLF KOMME, WEIL MICH MITTLERWEILE DER SPORTLICHE EHRGEIZ GEPACKT HAT, HERAUSZUFINDEN, OB HIER WIRKLICH ALLE SO DOOF SIND, WIE DU ES MIR ALS LEBENDES BEISPIEL GERADE WIEDER DEMONSTRIERT HAST.
HÄH?!?
SOLL ICH DIR ERZÄHLEN, WIE ICH IN DEN BERGEN EINE GANZ EIGENE TÄTOWIERTECHNIK ENTWICKELT HABE?
JA, GENAU. GUTE IDEE!
BINGO.

Einmal um die Welt mit Hans und Anneliese

Zu Gast sind heute Grit und Otto.
Zuerst hat man Fondue gemacht,
doch seitdem gilt hier das Motto:
Hans zeigt die Welt in Super 8.

Paris, London, New York, Athen!
Von ferne winkt der Portugiese.
Nur leider kann man ihn nicht seh'n,
denn vor ihm steht Anneliese.

Brügge, oh, du Stadt der Flamen.
So malerisch ist jede Gracht
verborgen hinter Nahaufnahmen,
die Hans von Anneliese macht.

Sicher, auch die Schweiz ist schön:
Die Berge spiegeln sich im Blau
des Wassers der Luzerner Seen,
aber Hans filmt seine Frau.

Ja, es stimmt, selbst Rheinland-Pfalz
hat ganz hübsche Teilbereiche,
doch auch hier zeigt Hans nichts als
wie stets im Urlaub nur das Gleiche:

nämlich seine Anneliese,
wie die Nachbarschaft sie schätzt:
Wie sie lacht und winkt und wie se
in Großaufnahme tonlos schwätzt.

Nun fragt sich mancher Kunstbanause,
ob so was nicht am Sehnerv sägt
und ob Anneliese Krause
allein fünf Stunden Handlung trägt.

Durchaus! Denn man merkt irgendwann,
dass der Film Interesse weckt,
weil man so schön rätseln kann,
was Anneliese gerad' versteckt.

Ist das das Brandenburger Tor
da vorne links neben der Wange?
War das Rom da hinter'm Ohr?
Oder doch nur Herne-Crange?

Könnten das die Alpen sein?
Das Graue über'm Mantelkragen?
Was war jetzt Idar-Oberstein,
was Schwerte und was Kopenhagen?

»War das im Schwarzwald '72?«,
fragt sich daheim der Leinwand-Star.
Des Rätsels Lösung, die ergibt sich
meist aus 'nem Mode-Accessoire.

Den Hut da trug ich, na, das sacht sich
jetzt nicht so leicht. In Emmerich?
Den Ohrring hatt ich Anfang 80.
Dann isses Dresden schon mal nicht.

Das ist zur Zeit von Willy Brandt,
da gab's doch solche Bademoden.
Dann könnt das eventuell der Strand
von Lesbos sein oder Bad Soden.

Und so gewinnt um knapp 2 Uhr
dann Otto eine Flasche Bailey's,
weil er anhand 'ner Steckfrisur
gekonnt erkennt, dass das Calais is,

was man im ob'ren rechten Eck
des Anneliese-Films erahnt.
Weil Grit schreit: »Lisbeth, Birne weg!«,
gewinnt sie nix und wird verwarnt.

Und als sie geh'n, sagt Otto: »Krause,
hier nur mal 'n Sparvorschlag von mir:
Das, was du drehst, das geht zu Hause.
Film Anneliese einfach hier!«

Hans muss lachen: »Otto, weißt du,
was du meinst, versteh ich genau,
doch mal ehrlich, wofür reist du,
wenn nicht, um mal deine Frau

in der Welt neu zu betrachten,
darum geht's doch jedes Mal,
nicht um Bauwerke und Grachten,
so 'n Kanal is mir egal.

Doch mal ehrlich, meine Frau, die
ist für mich so interessant
wie kein Strandkorb in ganz Saudi-
Arabien und Swasiland.

Und gerad' weit weg in fernen Ländern
spür ich das so intensiv:
Ich kann und will nix daran ändern:
Meine Frau bleibt mein Motiv.«